Três Espíritas Baianos

E

Outros Personagens
da História do Espiritismo
no Brasil

Celso Martins

Três Espíritas Baianos

E
Outros Personagens
da História do Espiritismo
no Brasil

Seleção de Ilustrações:
Eduardo Carvalho Monteiro

MADRAS®
Espírita

© 2005, Madras Editora Ltda.

Editor:
Wagner Veneziani Costa

Coordenador da Madras Espírita:
Eduardo Carvalho Monteiro

Diagramação:
Eight Point Comunicação Ltda.
R. Desembargador Guimarães, 119 — Perdizes — São Paulo/SP
Tel./fax: (0_ _11) 3865-5242

Produção da Capa:
Equipe Técnica Madras

Revisão:
Miriam Rachel Ansarah Russo Terayama
Wilson Ryoji
Neuza Aparecida Rosa Alves
Sandra Ceraldi Carrasco

CIP-BRASIL. CATALOGAÇÃO-NA-FONTE
SINDICATO NACIONAL DOS EDITORES DE LIVROS, RJ.

M342t
Martins, Celso, 1942-
Três espíritas baianos: e outras personagens da história/Celso Martins; seleção de ilustrações Eduardo Carvalho Monteiro. - São Paulo: Madras, 2005
il.
ISBN 85-7374-706-4
1. Espiritismo - Brasil - História. 2. Espíritas - Brasil - Biografia. I. Título.

04-3281.		CDD 133.9
		CDU 133.9
30.11.04	03.12.04	008482

Proibida a reprodução total ou parcial desta obra, de qualquer forma ou por qualquer meio eletrônico, mecânico, inclusive por meio de processos xerográficos, incluindo ainda o uso da internet, sem permissão expressa da Madras Editora, na pessoa de seu editor (Lei nº 9.610, de 19.2.98).

Todos os direitos desta edição reservados pela

MADRAS EDITORA LTDA.
Rua Paulo Gonçalves, 88 — Santana
02403-020 — São Paulo — SP
Caixa Postal 12299 — CEP 02013-970 — SP
Tel.: (0_ _11) 6959.1127 — Fax: (0_ _11) 6959.3090
www.madras.com.br

Dedicatória

O autor dedica estes apontamentos ao seu amigo *Eduardo Carvalho Monteiro*, pesquisador incansável da História do movimento espírita brasileiro, pelo apoio dado à edição destas notas, sobremaneira pondo inúmeras fotos raras.

Celso Martins

Sumário

Viagem aos Tempos de Antanho 9

Palavras Iniciais 11

1 — Algo sobre o Aureliano Alves Netto 15

2 — Algo sobre Deolindo Amorim 23
    Ligeiros Dados Pessoais 24
    Os Livros de Deolindo Amorim 34
    Participação nos Meios Universitários 41
    Desencarne 45
    A Verdade dos Fatos 48

3 — Algo sobre Carlos Imbassahy 51
    O Caso Humberto de Campos 59
    Imbassahy Romancista 63
    Imbassahy Tradutor 74

4 — Algo sobre Leopoldo Machado 75
    Episódios de Infância 77
    Rapazola em Salvador 78
    Surge Marília Barbosa 79
    Leopoldo no Rio de Janeiro 80
    Em Nova Iguaçu 81
    Casos Pitorescos na Vida de Leopoldo 93

Depois da Morte de Leopoldo 97
Os Livros de Leopoldo 100

5 — Um pouco sobre Sebastião Lasneau 105

6 — Palavras Finais 107

Viagem aos Tempos de Antanho

Celso Martins não precisa de apresentação. Ela está dispersa em mais de trinta anos de febril atividade de sua pena prolífica. Desde os periódicos espíritas de maior tiragem até os boletins mimeografados pela boa vontade de confrades em Centros do Interior, todos têm recebido suas inestimáveis crônicas, contos, memórias, análises, comentários à luz do Espiritismo. Mais de setenta obras publicadas fazem de Celso um dos autores mais lidos por espíritas e não-espíritas, porque ele está sempre atual, procurando abordar os temas que fazem parte do dia-a-dia das pessoas.

Agora, porém, que a estrada já tem muitos quilômetros rodados, Celso Martins volta-se para o passado e sente a necessidade de relatar suas vivências com vultos espíritas, grande parte já desencarnada, para a geração atual. Já disse alguém alhures que "o estilo é o homem" e nosso Autor é dono de um estilo próprio, coloquial, intimista, em que conversa com o leitor descendo a minúcias tanto quanto a sua memória o permita. Seu passeio ao passado nos faz viver a época, sentir o pensamento das personalidades descritas, saboreando os gostosos "causos" que fizeram parte dos tempos felizes de líderes do movimento espírita.

O Autor coloca como título deste trabalho *Três Espíritas Baianos*, mas na realidade faz desfilar por suas páginas recordações de muitos mais vultos que fazem parte da história recente do Espiritismo. Com toda a certeza, as gerações futuras ficarão agradecidas a Celso Martins por ele não ter permitido que a ampulheta do tempo dispersasse a lembrança dos dedicados confrades que nos precederam e que escreveram na história do Espiritismo suas páginas edificantes. Seus exemplos servirão de modelo para muitos confrades que buscam também oferecer atualmente sua contribuição ao desenvolvimento da Doutrina Espírita. O ciclo inexorável da vida está insculpido nas Leis Universais e nos mostra que as árvores frondosas morrem derrubando suas sementes ao chão que, por sua vez, vicejarão em novas árvores, às quais também estarão reservadas suas missões e a fazer parte dos ciclos da Natureza. É assim que vemos os trabalhos de resgate de memórias como nos apresenta Celso em seu *Três Espíritas Baianos*.

Completando nossa gostosa viagem aos tempos de antanho, como costuma dizer o caboclo do interior, "do tempo em que se amarrava cachorro com lingüiça", procuramos colaborar inserindo, com a permissão do Celso, nesse naco de suas memórias, imagens e flagrantes das personalidades desfiladas pelo Autor. Muitos dos flagrantes registrados, que fomos buscar no fundo do baú, nunca foram publicados, daí a oportunidade de conhecermos ou revermos rostos e confraternizações de nossos confrades do passado.

A máquina do tempo esquenta seus motores, senhores passageiros. Iremos iniciar nossa viagem...

Eduardo Carvalho Monteiro

Palavras Iniciais

Se, no fim de 1962, com meus 20 anos de idade completos, sonhava com o porvir e o povoava de esperança, agora, no fim de 2002, ou seja, após apenas quatro décadas, já me volto para o passado e recordo com muita nitidez a trajetória e sinto saudades de fatos que não mais vivenciarei. Aliás, o Poeta das Estrelas, o ilustre autor do Hino à Bandeira Nacional Brasileira, Olavo Bilac (1865-1918), dizia-nos, coberto de razão, que, sem saudade e esperança, não há poesia no Brasil. Quero crer no mundo todo porque, pensando bem, a argila humana é a mesma em qualquer latitude, longitude ou altitude.

Vejamos, então: vivendo entre 1803 e 1870, na França, Alexandre Dumas (pronúncia Dimá), filho de general homônimo, fez-se conhecido graças aos romances como *O Conde de Monte Cristo* e, mais que este, como *Os Três Mosqueteiros*. Não seja ele confundido com o seu filho, também Alexandre Dumas, autor de *A Dama das Camélias*. Até agora, fim de 2002, o Projeto Genoma Humano não declarou haver genes responsáveis pela "herança de pendores para as letras", cabendo ao Espiritismo, desde 1857, com a 1ª edição de *O Livro dos Espíritos*, afirmar que Espíritos afins se buscam e podem reencarnar na mesma família. Logo...

Parece-me que Deolindo, Imbassahy e Leopoldo, os três espíritas baianos, sempre lembrados pelo saudoso Professor Newton Gonçalves de Barros (Cachoeira Paulista, 1915 — Nova Iguaçu, 1997), seriam Os Três Mosqueteiros da Boa Terra do Senhor do Bonfim na defesa e na difusão dos postulados da Doutrina dos Espíritos. Difusão (repito e ressalto que difere de catequese!)...

Não pode a família espírita do Coração do Mundo e da Pátria do Evangelho esquecê-los na galeria dos valentes jornalistas e escritores do Movimento Espírita no decorrer do século XX. Outros corajosos escritores, ao lado de médiuns do porte de Chico Xavier, da Yvonne do Amaral Pereira, do Divaldo Pereira Franco, do Peixotinho, devem sempre ser lembrados e não serem jamais esquecidos pelos espíritas que estão nascendo no dealbar do Terceiro Milênio. Ocorre que, não sendo sequer um absconso sapateiro, não posso ter a ousadia de ir além dos sapatos. Gente com mais talento e arte há de completar essa atividade do levantamento histórico do Espiritismo no Brasil, o que já vêm neste afã fazendo, ao longo de alguns lustros, o Antônio de Souza Lucena, o Clóvis Ramos, o Jorge Rizzini, o Clóvis Tavares, o Eduardo Carvalho Monteiro, o Alberto de Souza Rocha, o Paulo Alves Godoy e outros que não me vêm aos dedos diante desta surrada máquina de escrever... Ah, sim! O Zêus Wantuil, o Ramiro Gama, o Agnelo Morato...

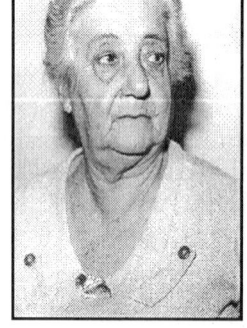

Peixotinho   Yvonne do Amaral Pereira   Divaldo Pereira Franco

Seguem alguns dados sobre a vida e os livros de três espíritas baianos, até porque do Brasil, na Bahia, quase tudo teve começo. Em 1500 ali chegou Cabral. Quarenta e nove anos mais adiante, eis que Tomé de Souza funda a primeira Capital da Colônia. E se os 559.921 quilômetros quadrados de área nos fornecem petróleo, barita, cassiterita, manganês, berilo, quartzo (como cristal de rocha) e principalmente o amianto, e nos dêem o algodão, em larga escala o cacau e lamentavelmente o tabaco, em que pesem às danosas conseqüências do infarto do miocárdio, do enfisema pulmonar, em que durante anos o fumante sente que está afogado no seco (*sic!*), e também dos cânceres de boca, de garganta, de bexiga e mais de pulmões; com seu litoral de 932 quilômetros lineares (daí a ser a Bahia, antes da Região Sudeste, modernamente no contexto do Nordeste, o Estado mais banhado pelo Oceano Atlântico); e seja cortado de alto a baixo pelo Rio São Francisco; se esta Bahia do vatapá, do cangerê, do angu à baiana, nos deu o médium Divaldo P. Franco e o poeta dos escravos na poesia condoreira do Castro Alves e o gênio do Águia de Haia no franzino corpo de alma de gigante o Ruy Barbosa; e oferece à música um Dorival Caymmi, os irmãos Caetano e Maria Betânea Veloso e à literatura universal um Jorge Amado, esta mesma Bahia deu no meio espírita um erudito Luís Olímpio Telles de Menezes, para início de conversa.

Telles de Menezes

Este Telles de Menezes apresentou ao Brasil, a partir das oito e meia da noite do dia 17 de setembro de 1865, o primeiro Centro Espírita na Terra do Cruzeiro do Sul, com o título de Grupo Familiar de Espiritismo; e em 1869 ofertava à Humanidade o primeiro periódico espírita do país, o festejado *Eco de Além-Túmulo*, o monitor do Espiritismo no Brasil, publicado em pleno período do Segundo Império, num país onde a Constituição desde 1824 estabelecia ser a Igreja Católica a religião oficial do Império Brasileiro. A República (1889) separa-a do Estado.

E como esses "três" personagens do talento do Dumas eram quatro, havia também o D'Artagnan (pronúncia aproximada: *Dartanhá*), para não fugir ao que a literatura universal nos legou, ouso incluir o Aureliano Alves Netto numa saudação à terra que nos apresenta Salvador, Ilhéus, Itabuna, Feira de Santana, Juazeiro e vou-me ficando por aqui nestas palavras iniciais com uma pulga atrás da orelha, conversando assim com os meus botões: Será que, depois de lido este amontoado de datas, de fatos, de livros, de casos curiosos e de lances heróicos na vida dos quatro homenageados, não irá aparecer leitor mais exigente a reclamar usando as palavras de Oscar Wilde (ler *óscaruáid*), escritor irlandês, 1854-1900: "Os biógrafos são a peste do século, nem mais nem menos. Todo grande homem hoje tem seus discípulos e sempre é um Judas quem lhe escreve a biografia."

Ainda bem que não nasci em Iscariote, tampouco equivocadamente, na tentativa de levantar o povo para libertar Israel do domínio romano, dei na face do Divino Mestre um beijo na calada da noite do Getsêmani, após ter vendido o Rabi da Galiléia por trinta moedas à turma do Sinédrio. Hoje, suando diante da surrada máquina de escrever, no final do calorento novembro carioca de 2002, estou tentando avançar para a frente e para o alto; e o Judas, que é malhado na Páscoa dos católicos, deve estar bem alto, bem alto mesmo, depois das chamas em que Joanna D'Arc foi supliciada pelo simples fato de ser médium...

> Cartas ao Autor:
> Caixa Postal, 61003
> Vila Militar
> Rio de Janeiro-RJ-21613-970

Algo sobre o Aureliano Alves Netto

Alziro Zarur

Embora radicado há longos anos em terras pernambucanas, na verdade no mesmo ano em que em São Paulo nascia o jornalista e escritor José Herculano Pires e no Rio de Janeiro (melhor dizendo, no então Distrito Federal) Alziro Zarur, radialista que em 1º de janeiro de 1950 dava início à sua Legião da Boa Vontade, desencarnando em 1979, um e outro em razão de problemas cardíacos; então, como eu vinha datilografando para você ler um dia, caso este livrinho não seja lido mesmo, só pelos cupins ou pelas traças, em 1914, em Condeúba, igualmente Bahia, nasceu Aureliano Alves Netto, ou então, como carinhosamente o batizou o jornalista e memoralista Abstal Loureiro, residente em Copacabana (Rio de Janeiro), o Barão de Caruaru, ora também desencarnado.

A meu ver seria, como já anotei antes, o D'Artagnan, este jornalista e escritor cuja refinada erudição o coloca no nível dos mais profundos conhecedores da Doutrina dos Espíritos, com estilo escorreito, sem nenhuma cincada gramatical, podendo ocupar uma cadeira em algum sodalício literário e cuja comovente humildade faz com que ele se diga um croniqueiro matuto, proprietário de mais de 8 mil livros em sua biblioteca particular e autor de presença permanente em inúmeros mensários do Brasil e do mundo, além de ser sido colaborador do *Jornal do Commercio*, do Recife, participou ativamente de diversos Congressos de Escritores e Jornalistas Espíritas, em Niterói, no Rio de Janeiro e em Brasília.

Na vida profissional, mediante concurso público muito concorrido no fim da Segunda Guerra Mundial (que assolou o Globo entre 1939 e 1945), obteve o 1º lugar para ser coletor de impostos federais, daí o seu morar na antiga Capital da República, ele que entrou para a Doutrina por volta de seus 12 ou 13 anos de idade por sadia influência de seu professor primário Mário de Jesus Ribeiro; consolidou seus conhecimentos lendo o livro *O Espiritismo à Luz dos Fatos*, do Carlos Imbassahy, depois de ter lido *As Memórias do Padre Germano*, sendo que a primeira instituição por ele freqüentada assiduamente foi a vetusta sede da Federação Espírita Brasileira, em sua sede da Av. Passos, nº 30, ali instalada em 1911 pela muito proveitosa administração de Leopoldo Cirne. Mais detalhes sobre a FEB, recomendo a leitura da obra *O Atalho*, da lavra do jornalista Luciano dos Anjos.

Aureliano Alves Netto

Pai de Maria Helena, de Maria Izabel e de Marco Aurélio, que a esposa Maria Cândida de Souza e Silva lhe deu, Aureliano Alves Netto brindou a grande família espírita com estes livros, uns de sua lavra única, outros de parceria com Celso Martins, com Antônio Fernandes Rodrigues e com Américo Domingos Nunes Filho, além do João Carlos Moreira Guimarães, como por exemplo: *Extraordinárias Curas Espirituais* (1ª edição pela ECO, do Rio de Janeiro, e, mais tarde, graças ao confrade Augusto Marques de Freitas, na serra do Sul Fluminense na cidade de Valença, depois ampliada, melhorada e enriquecida de fotografias, em 2ª edição pela Ediouro), *Extraordinários Fenômenos Espíritas* e *O Espiritismo Explica* (pela Edicel), *Crônicas e Comentários* (pela hoje extinta Culturesp), *Caminho de Luz, Colar de Pérolas, Atualidade Doutrinária, Luz na Penumbra, Orvalho de Luz, Pelos Caminhos da Vida, Coisas Deste e do Outro Mundo, O Espiritismo, A Igreja e Outros Temas Atuais, Janela Aberta para o Mundo*, etc., em edições na Editora Mensagem de Esperança, da Editora Espírita Cristã (Belo Horizonte/MG), Editora Leymarie (Rio de Janeiro), Editora de O Clarim (Matão/São Paulo) e Editora Universalista (de Londrina/Paraná).

Um fato curioso em sua vida: certo dia aparece em sua residência, em Caruaru, o conhecido Padre Quevedo. O sacerdote, fazendo-se de conta que era outra pessoa (não fosse ele publicamente conhecido por apresentar-se como parapsicólogo na televisão), tenta ardilosamente procurar orientação doutrinária com o Barão de Caruaru.

Aureliano, de sua parte, faz-se desentendido ante a "cara-de-pau" do autor de *A Face Oculta da Mente* e de outros livros de ataque aos espíritas, sobretudo os médiuns. A velha lenga-lenga de que o inconsciente explica TODOS os fatos paranormais, entrando o clérigo em choque direto e de frente com o próprio Joseph B. Rhine, o criador da moderna Parapsicologia a partir de 1930 na Universidade de Duke, nos EUA. "Manda" que a dona Maria Cândida prepare um cafezinho para a inesperada visita e leva o maroto parapsicólogo que,

Joseph B. Rhine

negando os fatos mediúnicos e anímicos, acaba solapando as bases científicas dos fenômenos que dão tanto fora como DENTRO TAMBÉM da Igreja Católica; leva-o até sua biblioteca e diz, ante umas 8 mil obras:

— Olhe, o Padre Quevedo diz isto assim-assim em seu livro *Tal*. Mas vamos consultar Bozzano e este italiano neste livro aqui desmente o que Quevedo declara.

E prossegue o baiano que se esconde em Caruaru, no Agreste de Pernambuco:

— Note que o Sr. Quevedo no livro *Qual* dá esta informação. Ela está grotescamente utilizada porque não é isso que vamos encontrar, agora, aqui no livro de Richet, o pai da Metapsíquica.

E avança o jornalista:

— Repare, agora, neste fato assim, atribuído ao inconsciente pelo Padre Oscar González Quevedo. Não é assim que pensa o sábio inglês William Crookes, um dos maiores cientistas do Século XIX; e este europeu ilustre e insuspeitável nesta obra aqui nos dá a explicação correta do fato.

Como estamos a ver, enquanto Imbassahy publicava artigos estampando a solércia do padre que teria nascido na Espanha (há quem diga ter ele nascido no Rio Grande do Sul, nas fronteiras com o Uruguai, daí sua tonalidade espanhola no sotaque!), agora, antes de chegar o saboroso cafezinho de dona Cândida, Aureliano, não dando a conhecer que reconhecera o gajo desde quando ele lhe bateu ao portão da Avenida Manoel de Freitas, coloca com serena convicção os "pingos nos is".

Aureliano Alves, Abstal Loureiro, Pedro Valvano e Nazareno Tourinho no Congresso de Jornalistas e Escritores Espíritas em Salvador (1982)

Praza Deus apareça no meio espírita quem levante mais dados sobre a vida do Barão de Caruaru, o incansável Aureliano Alves Netto, cujo passatempo predileto foi descobrir erros nos dicionários. Bem, não se trata de erros gráficos, não. Estes infelizmente sempre infernizaram a vida dos escritores em geral, a ponto de fazer Euclides da Cunha freneticamente ficar de casa para a gráfica e das oficinas onde estava sendo rodado o seu livro colossal *Os Sertões* para o reduto doméstico, corrigindo os cochilos dos que estavam com os tipos, o componedor, as prensas, a graxa negra, o papel branco macio, nas mãos calosas.

Aliás, Monteiro Lobato, o gigante da Literatura Infantil com o *Sítio do Pica-Pau-Amarelo*, em que ele mesmo aparece na condição da dona Benta, ao lado da Emília, da Cuca, do Pedrinho e de outros; também gigante em suas traduções do inglês, em suas lutas em favor do petróleo e do ferro; gigante em seus contos sobressaindo Jeca-Tatu; o grande editor e incentivador de autores novatos dizia que o diabo existe, sim, senhor: o Tinhoso mora nas tipografias trocando as letras, eliminando acentos corretamente escritos pelo autor e pondo outros onde nunca foram postos para mostrar a sílaba tônica, cortando até parágrafos quase inteiros de modo que o pobre do autor, se tem cabelos, arranca-os; e, se é careca, ver alguns fiozinhos teimosos ficarem ortogonalmente sobre a pele reluzente do crânio. Na verdade, o pior revisor, se não lê as provas em voz alta, é o AUTOR!

Mas, como estava dizendo, Aureliano adorava coletar erros nos dicionários, mais ou menos assim: no verbete *Tal*, da página tanta, o autor diz isto; e desdiz no verbete *Qual*, na página quanta. E nessa pesquisa curiosa, ele nos legou crônicas deliciosas! Razão tinha Jesus: "Perfeito só o Pai que está nos céus...".

Fiquemos por aqui lembrando que Aureliano Alves Netto durante anos seguidos foi membro-correspondente do Instituto de Cultura Espírita do Brasil, a vibrante Casa de Deolindo Amorim, na cidade do Rio de Janeiro, e também da *Revista Estudos Psíquicos*, criada e dirigida pelo Isidoro Duarte dos Santos, de Lisboa (Portugal), confrade este que esteve no Brasil, visitando inúmeras cidades; ele, o Isidoro, nos mandava de sua terra crônicas a serem lidas no *Programa Radiofônico Seleções Espiritualistas*, levado ao ar pela PRC-8, Rádio Guanabara entre as sete e sete e meia da noite (depois disto havia a rede nacional para a *Voz do Brasil*, até as 20h), na apresentação de Nélly Sônia e do Victorino Eloy dos Santos (mais conhecido como Vovô Victorino), exímio poeta nascido em Vassouras em 1888 e falecido no Rio de Janeiro com mais de 90 anos de idade, permanecendo sempre lúcido e relatando casos espíritas por ele vividos ao longo dos decênios.

Isidoro Duarte dos Santos

Dr. José Augusto de Miranda Ludolf

Nestas *Seleções Espiritualistas* desfilavam ante o microfone em ondas longas o Miranda Ludolf (sempre com a abertura de *La Gazza Ladra*, de Rossini); o João Carlos Moreira Guimarães, sua esposa Marselle (esta falando em francês e como vinheta musical os sons de *La Marsellaise*, este vibrante Hino Nacional Francês desde a Queda da Bastilha, em 14 de julho de 1789); a Idalinda de Aguiar Mattos falando aos presidiários, em nome da Instituição Espírita Cooperadoras do Bem Amélie Boudet; o jornalista Deolindo Amorim; na direção o Nélson B. de Azevedo, cujo maior sonho (não concretizado) seria o de erguer o Hospital Espírita Allan Kardec, na chamada Colina da Fraternidade, na Rua Visconde de Santa Isabel, próxima ao antigo Jardim Zoológico, criado pelo famoso Barão de Drummond.

Atrás, de óculos, José de Carvalho Lucena, Geraldo de Aquino e Vovô Victorino em primeiro plano

E já que estamos levantando dados sobre a União dos Discípulos de Jesus, mais conhecida como UDJ, do Nélson Baptista de Azevedo, direi que durante anos esta instituição manteve em funcionamento um ambulatório na Rua Lucínio Cardoso, junto à estação ferroviária de S. Francisco Xavier. Mesmo porque além do Nélson B. de Azevedo, Geraldo de Aquino dá prosseguimento, em 1943, ao programa radiofônico do sargento do Exército João Pinto de Souza, em que se inicia uma linda história da difusão do Espiritismo pelo Rádio na Cidade Maravilhosa, nos microfones de diferentes emissoras como a Ipanema, a Transmissora do Rio, a Rádio Clube Fluminense, a Rádio Clube do Brasil, silenciada em 1953 e voltando ao ar dois anos mais tarde como Rádio Mundial, posteriormente vendida por Victor Costa ao Zarur em nome da Legião da Boa Vontade; mais ainda, Geraldo de Aquino espalhou a Doutrina e com o apoio da sua Família da Caridade (ou seja, de seus ouvintes sobretudo do programa diário, das 17h55min até as 18h30min, a partir de 1º de novembro de 1948, intitulado *Meditação e Evocação da Ave-Maria*, atualmente com o Jonas Magalhães de Britto e Soninha, com lindas vinhetas apresentando as árias de Massenet (na ópera *Taís*) e de Bach (ária da Quarta Nota ou ária em Sol Maior) levou o pão e o leite, o agasalho e o remédio, o amor e a consolação a dezenas de pobres do Rio de Janeiro, da Zona da Mata de Minas Gerais também, afora os abrigos que construiu e manteve para amparar velhinhas, crianças órfãs, e ainda levando pernas mecânicas, botas ortopédicas, carrinhos de trânsito, cadeiras de roda, tudo rigorosamente provado mediante fotos.

Geraldo foi um gigante extremamente humilde — embora tivesse recebido diplomas não só de entidades espíritas como de autoridades governametais e de órgãos de assistência social e do rádio. Ora, nascido em Palmira, atual Santos Dumont, em 1912, em solo mineiro, órfão desde o nascimento, passou por Valença, morou no Rio e desencarnado na Ilha do Governador, em plena Baía de Guanabara, em março de 1984, andou pela Rádio Tamoio, Mauá, Copacabana, Quitandinha, Rio de Janeiro, as três últimas de propriedade do médico homeopata Dr. Luiz George de Oliveira Belo. Mas isso é assunto que foge ao âmbito deste tosco estudo da vida e das atividades de três espíritas baianos.

Por fim deixo claro que posso repetir sem medo o que disse Newton, o grande físico da Lei da Gravitação Universal: "Se vi mais longe é porque subi aos ombros de muitos pesquisadores maiores do que eu" (referindo-se naturalmente a Galileu, a Copérnico, a Giordano Bruno). E se à minha mãe querida, de saudosa memória, sou grato o me haver alfabetizado em 1948 (aos 6 anos de idade), com tais (por mim nunca esquecidos) companheiros, além doutros, conheci os postulados do Espiritismo, de começo com meu pai e depois com que li, vi, ouvi, vivenciei e em muitos casos posso dizer que chorei de alegria ou de saudade.

Foto histórica da inauguração da *Hora Espiritualista* em 19/8/1937 no Rio de Janeiro, o primeiro programa radiofônico espírita levado ao ar no Brasil, aqui na Cidade do Rio de Janeiro, então Distrito Federal, Capital da República. (Acervo FEB)

Algo sobre Deolindo Amorim

Deolindo Amorim

Numa bela dissertação em torno de Leopoldo Machado, o saudoso Atlas de Castro que, morrendo aquele professor, tomou sobre seus ombros não só o Lar de Jesus como também o curso noturno de Contabilidade, existente no Colégio Leopoldo — em bela oratória no Centro Espírita Fé, Esperança e Caridade dizia que se via em palpos de aranha. Era mais ou menos o seu embaraço aquele em que se vê um operário diante da pedra, da areia, dos tijolos, das telhas, dos azulejos, dos fios elétricos, dos tubos de esgoto, do madeirame para as portas e para as janelas; Atlas de Castro não sabia por onde começar. Não sabia se traria ao atento público de umas 200 pessoas (e eu estava lá) o poeta rigorosamente parnasianista, se o teatrólogo de peças infantis e outras doutrinárias, se o comentarista de livros por ele avidamente lidos e anotados e apresentado em comentários escritos, se o polemista saindo em campo na defesa da Doutrina Espírita, se o pregador que andou pelo Brasil inteiro (exceção feita ao antigo Estado de Goiás) pregando a unificação dos companheiros, se o amigo das meninas do Lar de Jesus, se o orador que, sabendo-se portador de uma discreta gagueira, proferia devagar para não se ver num lençol de sete varas diante de uma platéia atenta... E o Atlas de Castro faz uma conferência para lá de linda, trazendo aos ouvintes dados e mais dados sobre o Velho Legionário da Boa Vontade de nº 2, já que o nº 1 era do Zarur.

Sinto-me na mesma dificuldade do Atlas porque não sei por onde começar nem por quem iniciar, pois, a meu ver, Leopoldo, Imbassahy e Deolindo estão no mesmo nível de dedicação à causa espírita. Sendo assim, meus dedos passam a correr pelo teclado e o cilindro e o carroção da máquina de escrever tradicional (porque não me dou lá muito bem com o computador, embora saiba que ele seria extremamente útil), o teclado, o cilindro e o carroção da *Olivetti Linea 98* correm e estampam no papel o que você está agora lendo. A propósito, já houve quem dissesse que, ao escrever um livro, o autor constrói um castelo. E quem o lê passa a morar dentro deste palácio. Se isso é verdade mesmo, assalta-me a alma o medo de estar abrindo ao leitor tolerante a porta de um casebre no cocuruto de um morro, na periferia de uma cidade deste nosso imenso Brasil. Enfim, dá-se do que se tem; faz-se o que se pode! Entre alguma coisa e coisa alguma, é claro que você ficará com a primeira opção.

Arregaçando as mangas da camisa, neste novembro abrasador de 2002 no Rio de Janeiro, eis que me decido e começo pelo Deolindo Amorim.

Ligeiros Dados Pessoais

Deolindo nasceu aos 23 de janeiro de 1908 (conforme ele mesmo me informou, e não em 1906, porque, desejando servir ao Exército, no qual teria uma profissão, alterou o ano de nascimento). Aliás, segundo informações do Antônio de Souza Lucena, diversos espíritas têm a data de nascimento diferente da que consta nos documentos oficiais. Filho de Baixa Grande, sua mãe deseja que ele estude em Salvador onde contou com a proteção de um tio Juiz de Direito. Com a morte da genitora, quando o filho tem 17 anos, viaja para o sul do Estado e, uma vez caixeiro, ao dizer ao patrão que desejava ser um dia jornalista, ouviu este conselho: "casar-se com uma filha de fazendeiro rico e tratar de enriquecer de uma vez". Até parece aquela frase gaiata segundo a qual ter pai pobre é do destino, mas ter sogro também pobre é burrice. Ainda dentro dessa linha de pensamento de quem quer levar vantagem em tudo (a famosa lei de Gérson, jogador de futebol brasileiro), vem a talhe esta anedota: Certa moça diz ao pai que desejaria trazer em casa um rapaz o qual namora. O genitor da adolescente logo pergunta: "Quanto é que ele tem no banco?" E como resposta, escuta isto:

— Francamente, papai. Vocês, homens, são todos da mesma laia, farinha do mesmo saco. Assim que disse a meu príncipe encantado o desejo de apresentar o meu eleito a você, ele me fez esta mesma pergunta sobre o seu saldo bancário.

Deolindo não dá ouvido ao patrão e segue para Aracaju, capital do Estado de Alagoas, hospedando-se na casa de um pastor protestante. No jornal daquela cidade, o rapazola escreve um artigo, o primeiro de uma série de centenas e centenas de outros mais, tanto na imprensa profana como no periodismo espírita nacional e estrangeiro. E ouve do pastor esta frase: "Com que então você adora conferências literárias e adora estudar de tudo um pouco, não é assim? Veja: para servir a Deus deve o homem deixar de lado as coisas do mundo e se voltar apenas para as coisas do Espírito."

Na ânsia de crescer na vida, toma de um Ita (como se diz nos meios nordestinos) e o navio o traz para a então Capital Federal em 1929. Uma vez na Cidade Maravilhosa, eis que consegue entrar na carreira das armas e, já cabo do Exército, nas horas vagas freqüenta bibliotecas e museus. Uma vez lido o livro *O Porquê da Vida*, da lavra de Léon Denis (seu autor preferido), faz-se espírita.

Ora, em razão da pregação dos livros de Roustaing (a querela antiga sobre a natureza do corpo de Jesus, apesar de o Codificador ter sido claramente claro em *A Gênese,* Capítulo XV, sobretudo no nº 65 em diante, explicando que Jesus teve um corpo material durante sua vida terrena e só teve corpo fluídico de um espírito materializado após o drama do Calvário e ele apareceu várias vezes a seus

| Ismael Gomes Braga |  Guillon Ribeiro |  Antônio Lima |

seguidores da primeira hora); então, como estava dizendo acima, em razão dos Quatro Evangelhos daquele advogado de Bordéus, estudados e considerados livros doutrinários, em 1926 é criada a Liga Espírita do Brasil, congregando os espíritas que não aceitavam a tese do corpo fluídico de Jesus, desinteligências que remontavam desde a fundação da Federação Espírita Brasileira por Augusto Elias da Silva a 1º de janeiro de 1884 com os chamados científicos de um lado (os que na verdade não engoliam os livros roustainguistas de autoria de vários companheiros da FEB como Ismael Gomes Braga, esperantista mundialmente conhecido, como Guillon Ribeiro, tradutor das obras de Allan Kardec, como Antônio Luiz Sayão e, mais ainda, como Antônio Lima, como Manoel Quintão, como Bittencourt Sampaio, como Kruger Mattos) e os chamados místicos, os sequazes do Roustaing.

Augusto Elias da Silva    Manoel Philomeno de Miranda    Bittencourt Sampaio

Mais detalhes o leitor encontrará em livros como *Conscientização Espírita*, de Gélio Lacerda da Silva, e como *Os Adeptos de Roustaing*, de Luciano dos Anjos.

Voltando aos dados da vida de Deolindo Amorim, estava a expor ao leitor que em 1929 ele chega ao Rio de Janeiro. Ora, em Nova York (EUA) houve a quebra da Bolsa de Valores, tornando terrível a situação econômica do mundo, com milhões de desempregados. No ano seguinte, Vargas lidera a Revolução de 30 e se instala no Poder Executivo, derrota os paulistas em 1932 quando estes, em armas, exigem a Nova Constituição; derrota mais adiante (1935) os comunistas e dois anos adiante os integralistas com a ditadura do Estado Novo, inaugura uma fase de encarniçada perseguição aos espíritas em geral e aos médiuns em particular.

Conferência na Liga Espírita do Brasil em 1939. Da esquerda para a direita: Álvaro Brandão da Rocha, Capitão-Médico Telêmaco Gonçalves Maia, não-identificado, Aurino Souto, Porfírio Duarte Bezerra, Domício Menezes, Bráz Careli. Sentado, casal Parreiras.

Vale lembrar que o espírita, para poder ir ao Centro, deveria comparecer na delegacia policial do bairro e ali, após um rigoroso exame médico legal, era fichado como contraventor, à maneira dos jogadores do bicho e das meretrizes. Não bastasse a arbitrariedade policial, o espírita sofria o apodo dos católicos, tachados de bruxo, de feiticeiro, em conluio decerto com o Diabo, bem como o ataque dos médicos psiquiatras, que viam nos médiuns nada mais, nada menos do que indivíduos portadores de alguma moléstia mental, dignos de ir para o hospício!

Consta que o Brigadeiro médico e deputado estadual Telêmaco Gonçalves Maia, envergando sua farda de Oficial da Aeronáutica, num posto equivalente ao de General-de-Exército e de Almirante na Marinha de Guerra, exibindo no peito suas medalhas e suas condecorações, não "furou a fila" dos que estavam diante da Chefatura de Polícia, embora o João Alberto lhe enviasse um militar para convidá-lo a não ficar uma alta autoridade exposta ao sol carioca. Na verdade, os esbirros de Vargas não se sentiam bem diante daquela clara declaração de sua desassombrada religião espírita em tempos tão bicudos. E a fila logo "evaporou"...

Foi nessas conjunturas brasileiras que o moço de Baixa Grande chega ao Rio e começa a trabalhar na imprensa, como *foca* de vários jornais como *O Radical* e fez a reportagem policial do então sertão carioca, quer dizer, aqueles bairros mais afastados de Jacarepaguá, hoje (2002) totalmente transformados em aglomerados urbanos com enormes edifícios, luxuosos condomínios fechados, muitas pistas de alta velocidade, cortados os morros do Maciço da Tijuca (no conjunto da Serra da Carioca, conforme o linguajar da Geologia), começando em São Conrado onde está uma das mais antigas e mais populosas favelas do Rio de Janeiro, onde mora muita gente honesta, honrada, laboriosa ao lado de marginais na sinistra rota do narcotráfico em que espoucam os tiroteios entre eles e contra a Polícia Militar.

Cumpre dizer que antes, mesmo na caserna, na condição de cabo, Deolindo já era colaborador permanente de um dos mais importantes e pioneiros periódicos da Capital Federal, ou seja, o *Jornal do Commercio*. Conhecendo o jornalista Álvaro Brandão da Rocha, consegue escrever em *Vanguarda*, de propriedade do Serôa da Motta.

Superando barreiras econômicas, Deolindo Amorim consegue ser aluno ouvinte da Faculdade Nacional de Filosofia, num prédio da Embaixada da Itália cujos móveis foram atirados pela janela na Avenida Antônio Carlos pelos alunos quando do começo da Segunda Guerra Mundial. Obtém assim sólidos conhecimentos sobre Jornalismo, acerca de Ciências Sociais, Sociologia e Economia a ponto de poder escrever no *Digesto Econômico* e na *Revista de Estudos Pedagógicos*, de São Paulo, consoante o depoimento de sua companheira dona Delta dos Santos Amorim. Também escrevia na maioria dos jornais espíritas do Brasil e mesmo do Exterior, afora sua atuação de revisor das publicações do Instituto Nacional de Educação e Pesquisas à cuja frente estava o educador Anísio Teixeira.

Na Liga Espírita do Brasil conhece vários líderes espíritas e cria a Faculdade de Estudos Espíritas, que é em 7 de dezembro de 1957 transformada em Instituto de Cultura Espírita do Brasil, inicialmente na Rua dos Andradas, 96 — 12º andar — sala 1205 e posteriormente transferida para a Rua dos Inválidos, 182, onde funciona a Useerj. No ano de 2002 o referido Instituto se desloca para a antiga sede do Grupo Espírita Regeneração, na Avenida São Francisco Xavier, defronte ao portão geral da Universidade do Estado do Rio de Janeiro. Criou também e dirigiu o Centro Espírita 18 de Abril em janeiro de 1947 ao lado de confrades como Alberto Nogueira da Gama,

Álvaro Brandão da Rocha

José (ou Jota) Alves de Oliveira, Lauro Salles, Álvaro Brandão da Rocha, já citado anteriormente, Ernestina de Andrade, Braz Cosenza, nome que nos remete ao Esperanto, sendo o Cosenza, com o Ismael Gomes Braga e outros *Samideanoj* (pronúncia: ôi), o criador da Cooperativa Cultural de Esperantistas, no Largo da Carioca, à época chamado de Tabuleiro da Baiana.

Em 1939 o mundo entra em conflitos sangrentos quando, de um lado, Hitler na Alemanha nazista, aliado ao Mussolini da Itália fascista e ao Japão, formando o Eixo, e doutra parte a Grã-Bretanha de Churchill, a França de Charles de Gaulle, a União das Repúblicas Socialistas Soviéticas de Stálin e os Estados Unidos da América de Franklin Delano Roosevelt mergulham a Humanidade num escandaloso banho de sangue, culminando com as duas bombas atômicas, em agosto de 1945, atiradas pelos norte-americanos sobre as cidades japonesas de Hiroshima e Nagasaki.

Pois bem, quando o Brasil comemorava os seus cinqüenta anos de República, o denodado baiano instala o Primeiro Congresso Brasileiro de Jornalistas e Escritores Espíritas, cabendo à presidência de honra ao poeta Leôncio Correia, um dos mais conceituados republicanos históricos, ele, o Leôncio, espírita convicto, nascido em 1870 em Paranaguá, deputado estadual por seu Estado (Paraná), professor, falecido em 1950, tendo dirigido até a Imprensa Nacional.

Casado com dona Delta dos Santos Amorim, a família se constituiu de três filhos, o Paulo Henrique dos Santos Amorim, homem da comunicação televisiva, inclusive durante algum tempo vivendo nos Estados Unidos a serviço da Rede Globo de Televisão; a Rosa, artista plástica e casada com um embaixador brasileiro em várias capitais, dentre elas em Havana, na Cuba do socialista Fidel Castro; e finalmente Marília, professora com diversos cursos na área pedagógica na Europa. Muito ligado aos seus familiares, dizia no reduto doméstico que "o viver é uma contingência biológica enquanto conviver constitui uma arte". E assim o é, porque, como nos ensina o Espiritismo, para que o espírito consiga crescer em todos os sentidos, quando no corpo denso vive num lar, e neste ambiente doméstico, se, às vezes, se reúnem espíritos afins, amigos de anteriores existências, de outra parte ali se reencontram velhos adversários que, agora, na prática do Amor legítimo, equivale dizer, com abnegação e renúncia, paciência e tolerância, as remotas algemas de ressentimentos e até de ódio ou de aversão em suaves laços de entendimento e simpatia, de ternura e camaradagem, deverão ser transformados com o auxílio dos Bons Espíritos...

Deolindo era a serenidade em pessoa, sem alterar a voz no dizer e no defender o Espiritismo. Consta que, em determinada reunião de discussão de problemas administrativos, os confrades foram num crescente clima de discussão aberta e aí, quando o palavrório ficou quase ensurdecedor, eis que ele, alta voz, pede calma e propõe uma prece. Feita essa ligação dos homens com os Espíritos Superiores, a paz voltou a reinar e os companheiros, de modo mais educado, trocaram idéias com maior tranqüilidade.

Aleixo Victor Magaldi    Prof. José Jorge    Comandante João Torres

Vindo do interior baiano, nutria admiração pela música *Luar do Sertão*, da dupla Catulo da Paixão Cearense e João Pernambucano, e, embora pertencente a diferentes sociedades culturais do Brasil e mesmo do Exterior, tais como o Instituto Geográfico e Histórico da Bahia, como a Sociedade Brasileira de Filosofia, como a Academia de Letras do Rio de Janeiro (cadeira nº 6), com a maior mansuetude palestrava nos centros mais humildes da perifeira do Rio, e, a convite do professor Aleixo Victor Magaldi, esteve em Volta Redonda (RJ) e à Cidade do Aço voltaria muitas e muitas vezes. A bem da verdade ser-me-ia difícil narrar suas viagens doutrinárias. Convivendo de perto com o comandante Torres, o Professor Leopoldo, o médico Lauro Santiago, mais ainda, com os professores José Jorge e Newton Gonçalves de Barros, com o psiquiatra Jorge Andréa dos Santos, o General Milton O'Reilly de Souza, o Coronel Luiz Delfino Ferreira (da Polícia Militar), amigo de Carlos Imbassahy, do paulista José Herculano Pires e do argentino Humberto Mariotti, a seu convite deslocando-se de Buenos Aires para visitar o Brasil, Deolindo Amorim deu o máximo que pôde ao Instituto de Cultura Espírita do Brasil (ICEB) por onde passaram, além de muitos dos espíritas aqui lembrados, o médico Túlio Chaves, o Marechal Mário Travassos, o jornalista Jota Alves de Oliveira, a professora Zilda Alvarenga, a esposa de Leopoldo, isto é, professora Marília Barbosa, o Enéas

Prof. Newton Gonçalves de Barros

Dourado, o esperantista Flávio de Souza Pereira (aliás, este entrou em desesperada inconformação diante do desencarne de Deolindo em 24 de abril de 1984, de enfisema pulmonar, ele que nunca levou um cigarro aos lábios), a professora Telma Ávila de Souza, os poetas Clóvis Ramos e José Brasil, a declamadora Laís Teixeira, etc.

E se o ICEB lhe foi a menina dos olhos, muito importante, decisiva mesmo sua atuação no jornal *Mundo Espírita*, criado em 1932 por Henrique Andrade, mais tarde seguindo para Curitiba (Paraná), por Lins de Vasconcellos Lopes.

Herculano Pires    Lins de Vasconcellos    Humberto Mariotti

Andou pelo Brasil em viagens para proferir palestras ou para participar de simpósios, de congressos, de modo que até representou o Brasil na CEPA, ou seja, na Confederação Espírita Pan-Americana. Antes, disse que foi diretor da Liga Espírita do Brasil. Pois bem, em 1949, os espíritas assinaram o Pacto Áureo com vistas à unificação; então, a Liga passou a chamar-se Liga Espírita do Distrito Federal. Um ano antes, ou seja, em 1948, colaborou muito com Leopoldo Machado e Lins de Vasconcellos para a realização, no Rio, do I Congresso de Juventudes e Mocidades do Brasil. Em 1960, a Capital é transferida por Juscelino Kubitschek de Oliveira para Brasília e a Liga recebe o nome de Liga Espírita do Estado da Guanabara, onde, entre outros, está o pernambucano de saudosa memória, sargento e mais tarde advogado Antônio Paiva Melo. Em 1975, sem consultar o povo, o General Geisel funde o Estado da Guanabara com o antigo Estado do Rio. Aliás, em 1963, o carioca foi consultado se desejava unir-se ao fluminense, e a apuração deixou clara a resposta: "Não queremos a fusão". Doze anos mais tarde, em pleno período do Golpe de Estado de 1964, apeando ao Poder Executivo o João Goulart, nas urnas escolhido Vice-Presidente do Brasil e, diante da renúncia do Presidente Jânio Quadros, Jango é levado a ocupar o Palácio do Planalto, e Gen. Geisel faz a fusão! Diante dessa nova conjuntura política, em Niterói ficaria, no prédio edificado pelo dinamismo de Floriano Moinho Peres e seus companheiros na Rua Coronel Gomes Machado, 140, a Federação Espírita do Estado do Rio de Janeiro, seção interior e, do outro lado da ponte Costa e Silva, ficaria a seção Capital, sendo que mais tarde, nos anos 80 do século XX, tomou o nome de União das Sociedades Espíritas do Estado do Rio de Janeiro ou simplesmente USEERJ, onde, dentre outros, atuam Gérson Simões Monteiro, Lydieno Barreto de Menezes, aliás sobrinho do filósofo brasileiro Tobias Barreto, Emil Dario Framback, Elmo Queirós, dona Nancy... Deolindo deu incentivo à Abrajee, ou seja, a Associação Brasileira de Jornalistas e Escritores Espíritas, criada em decorrência do Congresso dos referidos companheiros de livros e jornais e revistas, realizado em Niterói, em 1972. Mais tarde a Abrajee foi presidida por Pedro Franco Barbosa, por Américo de Oliveira Borges, sendo nos anos 90 do século passado absorvida pela Associação dos Divulgadores Espíritas (ADE) do Rio de Janeiro.

Dorival Santos, Antônio Lucena e Gerson Simões Monteiro.

E aquele jornalista, tanto profano como doutrinário, ligado à Associação Brasileira da Imprensa, onde privaria da amizade do jornalista Herbert Moses, conseguiu um emprego público e saiu-se com probidade das funções ligadas ao Ministério da Fazenda, na Secretaria da Economia e Finanças, por onde se aposentou com 72 anos de

Américo de Oliveira Borges

idade, se lhe sobrando mais tempo para prosseguir com a mão no arado... Eis, pois, em rápidas pinceladas algo sobre a vida de Deolindo Amorim. Porém, mais ainda temos que conhecer do velho jornalista da Bahia. E faremos isso primeiro lhe relacionando e comentando os livros, inclusive os de aparecimento após sua volta ao Mundo Maior e, depois, como que numa complementação de sua atividade doutrinária, a sua participação em ambientes não-espíritas, ambientes universitários até onde ele levava, com simplicidade e erudição, os postulados do Espiritismo. Senão, vejamos ainda.

Os Livros de Deolindo Amorim

Não erraria quem dissesse que Deolindo Amorim apresentava uma preocupação muito grande em desenvolver os temas sociais, ele que conhecia de perto a Sociologia, neste desenvolvimento, expresso num linguajar claro, límpido, objetivo, usando as lentes do Espiritismo.

Quanto ao seu estilo, aliás, seu filho Paulo Henrique em depoimento prestado aos confrades que elaboraram o livro sobre o nosso biografado em linhas gerais (livro este levado à estampa pelo departamento gráfico do C.E. Léon Denis, do Estado do Rio de Janeiro, em 1999), seu filho Paulo (como ia dizendo eu) considerava o pai, a quem devotava muito amor e carinho constante, com justiça um autor que, numa terra de retóricos, escrevia sem retórica. Numa terra de adjetivos, ele preferia os substantivos. Numa terra de escritores arrogantes que olham o leitor de cima para baixo, todo o mundo entende o que ele quer dizer.

Assim, vejamos:

1 — *Africanismo e Espiritismo* — lançado em 1ª edição pela Livraria Mundo Espírita em 1947, depois de lembrar os trabalhos de Edson Carneiro, Nina Rodrigues, Artur

Ramos, Couto de Magalhães, Gilberto Freyre, Câmara Cascudo, analisa o erroneamente chamado "espiritismo de terreiro", o denominado também erradamente "baixo espiritismo" e mostra que os diferentes cultos e as diversas manifestações mediúnicas e/ou anímicas dos escravos africanos, daí nascendo as religiões ou seitas afro-brasileiras, merecedoras de todo respeito, como qualquer prática religiosa, de modo nenhum constituem variante da prática do Espiritismo. Tal livro está presentemente em 3ª edição, vertido ao castelhano e é até citado em teses apresentadas nos meios universitários dos Estados Unidos da América.

2 — *O Espiritismo e as Doutrinas Espiritualistas* — lançado em Curitiba, Paraná, pela Livraria Ghignone Editora, conheceu em 1979 uma 3ª edição, ampliada e o texto volta a diferençar a Doutrina dos Espíritos da Umbanda, do Candomblé, do Esoterismo, da Teosofia. Aliás, digno de estudo o livro intitulado *Umbanda em Julgamento*, lançado em 1949, no Rio de Janeiro, com o parecer de Manoel Quintão, opinião do deputado federal Campos Vergal e prefácio do médico Levindo Mello, fundador e presidente da Sociedade de Medicina e Espiritismo do Rio de Janeiro. O referido *Umbanda em Julgamento* saiu da pena do confrade Alfredo D'Alcântara, um dos inúmeros amigos do D. Amorim.

Campos Vergal

3 — *Espiritismo e Criminologia* — no qual é analisado o crime e o criminoso tanto na opinião dos sociólogos da Escola do Positivismo e da teoria falsa do criminoso nato (tese defendida por César Lombroso), nesta obra encontramos basicamente o desenvolvimento de uma palestra proferida por Deolindo Amorim em 1955, no Instituto de Criminologia da então Universidade do Distrito Federal, palestra esta feita por indicação da própria

Federação Espírita Brasileira e o Instituto retrocidado estava sob a direção de Roberto Lyra, catedrático de Direito Penal da Faculdade de Direito do Rio de Janeiro, membro da Comissão Revisora do Projeto do Código Penal de 1940 e integrante do Ministério Público do antigo Distrito Federal. Nesta obra, D. Amorim traz à baila os antecedentes espirituais do criminoso, além da influência dos hormônios e do meio ambiente social sobre o ânimo do infrator das Leis dos homens e das Leis de Deus. Comenta ainda a fundo um trabalho intitulado *A Filosofia Penal dos Espíritas*, do professor e antropólogo NÃO ESPÍRITA, Fernando Ortiz, da Universidade de Havana, Cuba, muito antes do governo socialista de Fidel Castro, instalado a partir de 1959.

César Lombroso

4 — *Cadernos Doutrinários* — em número de cinco, apresentando os estudos efetuados pelo Centro Espírita 18 de Abril. Aliás, foi Deolindo Amorim, às vezes por isso mesmo incompreendido, quem introduziu o chamado quadro negro (atualmente quadro verde ou melhor ainda, quadro de giz) no meio espírita. E o fez por insistir no Estudo Sistematizado da Doutrina Espírita, o que era recomendado pelo próprio Allan Kardec quando ressalta o valor de um curso regular dos postulados do Espiritismo.

5 — *Anais do Instituto de Cultura Espírita do Brasil* — de igual modo em cinco volumes, nos quais encontramos não só as súmulas das aulas ali ministradas pelos professores Newton Gonçalves de Barros, José Jorge, Jorge Andréa dos Santos, Lauro de Oliveira S. Thiago, Túlio Chaves, Delfino Ferreira e outros, bem como trabalhos

de Carlos Imbassahy, do Carlos Toledo Rizzini, do Hermínio Corrêa Miranda, afora referências muito bem documentadas sobre Gabriel Dellane, Ernesto Bozzano, o já mencionado Carlos Imbassahy, Olímpio de Menezes, dentre os mais citados. Vale ressaltar que nestes *Anais* aparecem valiosos estudos do próprio Deolindo sobre a Doutrina e, de igual modo, a respeito do Movimento Espírita.

Dr. Jorge Andréa

4 — *O Espiritismo e os Problemas Humanos* — obra escrita quando silenciavam os canhões da Segunda Guerra Mundial e ao mundo se anunciava, pelo menos no idealismo dos homens de Bem, a esperança de uma Humanidade mais feliz. Trabalho nitidamente de caráter sociológico, ainda teria uma 2ª edição ampliada e atualizada, quando a morte, em abril de 1984, faz com que o jornalista Amorim parta para o Mundo Invisível e então, com maestria sem par, Hermínio Corrêa de Miranda completa o livro, editado pela União das Sociedades Espíritas do Estado de São Paulo, em 1991.

Hermínio Corrêa
de Miranda

5 — *O Espiritismo à Luz da Crítica* — alentado volume com prefácio do Levindo Mello, já citado antes, aparecido em 1955 reunindo uma série de artigos lidos no

Levindo Gonçalves de Mello

Programa *Seleções Espiritualistas*, pela Rádio Guanabara, em resposta aos ataques do Padre Álvaro Negromonte contidos no livro *O que é o Espiritismo*.

6 — *Idéias e Reminiscências* — editado em Juiz de Fora (Minas Gerais) pelo Instituto Maria, recordando fatos e vultos do Movimento Espírita Nacional como que num depoimento de quem vivenciou aqueles lances do Espiritismo em terras do Cruzeiro do Sul.

Capas de livros de Deolindo

Afora do meio espírita, pertencendo a várias entidades culturais, haveria de nos legar obras dignas de leitura e estudo como, por exemplo:

7 — *O Sertão do Meu Tempo*;

8 — *Tradições Comerciais da Bahia*;

9 — *Bahia nos Gabinetes Ministeriais da Monarquia*.

Para melhor compreensão, deve-se lembrar que ele era da Sociedade Brasileira de Homens de Letras, do Instituto Geográfico e Histórico da Bahia, do Centro de Letras do Paraná, etc., sendo citado pelo magnífico Reitor da Universidade do Brasil, o intelectual renomado Pedro Calmon e também o fato de Deolindo mandar cartas fraternas mas claras e objetivas ao sociólogo e latinista Fernando de Azevedo a propósito de teses equivocadas por este na sua monumental obra *A Cultura Brasileira*, numa primorosa edição da Melhoramentos, de São Paulo.

10 — *O Pensamento Filosófico de Léon Denis* — palestra proferida quando tomou posse numa cadeira da Sociedade Brasileira de Filosofia.

Léon Denis

Muitas foram também suas valiosas contribuições em periódicos como *Anuário Espírita*, do Instituto de Difusão Espírita, de Araras (SP). Tendo participado de eventos espíritas, viu estampados seus escritos em volumes como *Encontro com a Cultura Espírita*, lançado pela Casa Editora O Clarim, de Matão, São Paulo, em 1981.

Proferiu em Juiz de Fora uma palestra sobre Kardec e então, com prefácio de Rubens Romanelli e anotações de Demétrio Pável Bastos, o grande pequeno livro intitulado *Allan Kardec — o Homem, a Época, o Meio, as Influências e a Missão*.

Rubens Romanelli

Outro livro de Deolindo, escrito em parceria com Celso Martins, quando este cooperava com o editor Arnaldo Divo Rodrigues de Camargo e esposa dona Izabel Braghero, na criação da Editora e Gráfica do ABC do Interior, que atualmente desembocaria na Editora Mensagem de Esperança, de Capivari, interior do Estado de São Paulo; esse outro livro de Deolindo foi intitulado *Ponto de Encontro*, ora em 2ª edição ampliada.

Depois que partiu para o Grande Além, muitos espíritas procuraram não deixar que morresse nos periódicos passados um elevado número de escritos seus, aliás redigidos talqualmente ele falava nas palestras e conferências em geral. Assim, primeiro o já mencionado Celso Martins compilou estes livros:

1 — *Recordando Deolindo Amorim* — com o selo da Ed. Mensagem de Esperança;

2 — *Ponderações Doutrinárias* — pela Federação Espírita do Paraná;

3 — A *Voz da Experiência* — sob a chancela da Casa Espírita Cristã, de Vila Velha (Espírito Santo) e, por fim,

4 — *Análises Espíritas* — com aval e apoio editorial da Federação Espírita Brasileira, em 1993, sob a presidência de Juvanir Borges de Souza.

Em seguida, o Professor José Jorge, com o apoio do confrade Altivo Carissimi Pamphiro, do C.E. Léon Denis, de Bento Ribeiro, subúrbio da cidade do Rio de Janeiro, organizou e publicou dois volumes de *Relembrando Deolindo Amorim*, e não pode ser omitida a prestimosa colaboração que o Celso Martins recebeu, neste afã de divulgar em livros os comentários sempre oportunos, e mesmo atuais até agora, de velhos amigos do saudoso baiano como Raymundo Rodrigues Espelho, a própria dona Delta dos Santos Amorim, do seu Chaves, do C. E. Elias, em Realengo-RJ, a professora Zilda Alvarenga e esposo, Coronel Joel de Mattos Alvarenga, o Enéas Pereira Dourado, funcionário da Biblioteca Nacional e amigo íntimo da família Amorim tanto como da confreira Yedda Macedo Sampaio, esposa do advogado Orlando Sampaio Sobreira.

Em acréscimo deve ser dito que Celso Martins, com a permissão por escrito passada em cartório, obteve da dona Delta Amorim muitos artigos do Amorim e com eles, ao lado de crônicas do próprio Celso, graças ao concurso do Cláudio Lenine e da Maria Juselma Coelho, com a Editora Espírita Cristã Fonte-Viva, de Belo Horizonte (MG) saiu ainda *Semeando Idéias* (posteriormente a partir de janeiro (2ª quarta-feira) de 1997, título de um programa radiofônico do Grupo Espírita Redenção — produção de Jayme Lobato — pela Rádio Rio de Janeiro) tanto como apareceu, primeiro pela Petit Editora do Flávio Machado, de São Paulo e depois pela Sociedade Lorenz, com os esperantistas do Rio de Janeiro, o livro *Uma Nova Era*.

Participação nos Meios Universitários

Os adversários gratuitos do Espiritismo diziam (não sei se declaram isso ainda hoje, quando o censo do IBGE nos dá um montante de uns 10 milhões de adeptos pelo Brasil no ano 2000) ser uma crendice levada a sério pelo homem sertanejo ou, com muita boa vontade, uma seita seguida pelo povo inculto. Esquecem esses detratores não só o testemunho desde os tempos de Kardec de sábios do porte de um William Crookes, de um Camille Flammarion, de um César Lombroso, de um Charles Richet, de um Alexandre Aksakof, mais a opinião abalizada de um Dellane, de um De Rochas, (pronúncia: Rochá) de um Léon Denis (Dêní); omitem estes padres, médicos, psiquiatras e parapsicólogos, do nível de um Padre Quevedo, a existência, no Brasil, de muitas associações de médicos, de jornalistas, de psicólogos, de delegados de polícia, de magistrados espíritas não só no Rio de Janeiro e São Paulo mas em outras Cidades do Interior, bem como a profissão de fé espírita de um Viriato Corrêa, de um Coelho Neto, de um Bezerra de Menezes, e a presença de altas patentes das Forças Armadas, e a atuação de políticos do porte de um Freitas Nobre, de um Alberto Calvo, de um Campos Vergal, de um Telêmaco Gonçalves Maia, de um Rafael Américo Raniéri, de um Cairbar Schutel, até mesmo de um Eurípedes Barsanulfo!...

Diretoria da Liga Espírita do Distrito Federal (data provável: 1950). Da esquerda para a direita: Deolindo Amorim, Antonio Macário, Aurino Souto, João Ribeiro e Álvaro B. Rocha. (Sede da Rua Uruguaiana)

Pois muito bem, em São Paulo o escritor, poeta modernista, tradutor, jornalista, professor e filósofo José Herculano Pires (o mesmo Irmão Saulo dos jornais paulistas) levou a mensagem espírita aos meios universitários, e hoje muitos pesquisadores levam para os *campi* das Universidades, como o paramédico Luiz Carlos Formiga, na Universidade Federal do Rio de Janeiro, na Ilha do Fundão, e como o engenheiro Hernani Guimarães Andrade intensifica suas pesquisas sobre o espírito e o perispírito, o confrade Clóvis Nunes está percorrendo o mundo, como antes fizera também Henrique Magalhães na difusão da explicação científica da mediunidade através de aparelhos eletrônicos; e mais ainda, se o médico Sérgio Felipe de Oliveira analisa à luz da ciência espírita a filogênese e a ontogênese em meios médicos de São Paulo — não nos esqueçamos de que também o jornalista Deolindo Amorim esteve em meios culturais levando os postulados da III Revelação, como por exemplo:

Hernani Guimarães Andrade

1 — Na Pontifícia Universidade Católica do Rio de Janeiro (criação do padre jesuíta Leonel Franca, no final dos anos 30 do século XX) debateu com alunos de Psicologia no contexto do Curso sobre a Era Cristã;

2 — No Hospital Pinel, do Instituto de Psiquiatria, no Rio de Janeiro, entre médicos psiquiatras e psicólogos analisando o Suicídio à luz do Espiritismo;

3 — Na Casa do Advogado de Campos, no Estado do Rio de Janeiro; na Faculdade de Direito de Florianópolis (Santa Catarina) e entre delegados de polícia em Araçatuba (SP) discorrendo sobre sua obra *Espiritismo e Criminologia*, livro este na verdade decorrente de uma conferência proferida pelo Amorim em 1956 no Instituto

de Criminologia da antiga Universidade do então Distrito Federal, sob a presidência do Catedrático de Direito Penal Roberto Lyra;

4 — Na Academia Carioca de Letras falando sobre Manoel Quintão, na época um dos diretores da FEB;

5 — Num seminário católico falando em Petrópolis, famosa cidade serrana do Estado do Rio de Janeiro (Serra da Estrela), na análise do sincretismo religioso no Brasil.

Vale, porém, ressaltar que nem por isso deixava de, nas horas de repouso, depois de trabalhar duro no Ministério da Fazenda, no bairro Castelo, no tumulto do Rio de Janeiro, SEM CARRO, ir até os centros mais humildes da distante periferia da então Capital Federal e com o mesmo entusiasmo, segurança e simplicidade, fazia-se entendido pelo povo simples, trabalhadores braçais e mães de família, devendo ser aqui citados dois casos em que percebemos sua grandeza d'alma.

Deolindo, entre lideranças espíritas na década de 1950.

O primeiro fato se deu quando, percebendo a ausência no Instituto de um velho espírita de poucas letras e menos dinheiro, procura saber onde aquele humilde freqüentador do ICEB morava e, quando descobre o endereço, ao lado doutros companheiros mais íntimos, segue até o município fluminense de Duque de Caxias, desmembrado de Nova Iguassu, na época em que ali vivia o famoso jornalista Tenório Cavalcanti com uma metralhadora chamada "lurdinha" e o jornal de crimes, intitulado *Luta Democrática*, e, ao notar a pobreza do casal de anciãos, sem que ninguém perceba, Deolindo coloca debaixo do travesseiro do homem acamado algum auxílio financeiro.

Doutra ocasião, uma pessoa lhe oferece uma propriedade onde o Instituto de Cultura Espírita do Brasil poderia ter a sua sede própria, o mais alcandorado sonho dele. Mas ao conhecer de perto aquela doação, nota que ali morava uma senhora idosa e, se o ICEB quisesse tomar posse, deveria deslocar aquela anciã. De imediato volta-se ao doador e, agradecendo a intenção, não aceita aquele (cá pra nós) presente de grego.

Desencarne

Seu amigo pessoal Alfredo Miranda Prado, um dos líderes espíritas do Vale do Paraíba em terras fluminenses, em obra lançada pelos diretores do ICEB em janeiro de 1999, tendo em vista os quarenta anos do Instituto, pela gráfica do Centro Espírita Léon Denis, sumaria de maneira muito linda diversas viagens do velho Amorim. Chega a ser comovente em 1976 até sua terra natal. Miranda Prado fala de outras viagens pelo interior não só da Bahia como do vasto Estado de São Paulo e em solo mineiro para abraçar o dentista Carlos Antônio Baccelli e matar saudades do companheiro do I Congresso de 1939 na pessoa do psiquiatra Ignácio Ferreira, autor de livros sobre Psiquiatria e o Espiritismo.

Ainda viveria na carne, quando Newton Gonçalves de Barros, apesar do protesto do homenageado, instala em

Newton G. de Barros

Francisco Klörs Werneck

Nova Iguaçu (RJ), junto ao Grupo da Fraternidade Espírita Irmã Scheilla, no bairro do Caonze, o Instituto de Cultura Espírita Deolindo Amorim. Este pediu que não lhe prestasse essa homenagem (em família dizendo que o cunhado do Professor Leopoldo Machado deveria esperar morrer para ganhar tal manifestação de afeto). No entanto, Deolindo, por meio de uma coluna em negrito em *Mundo Espírita,* durante anos, analisava com critério o movimento espírita, não deixava de abertamente reconhecer o valor do trabalho de muitos confrades. Um exemplo disso consta do livro *Semeando Idéias* em que Celso Martins estampa uma justa homenagem ao Imbassahy em 1964, quer dizer, cinco anos antes de este escritor e jornalista conterrâneo voltar ao Grande Além. Noutra ocasião, Deolindo lembra e louva a ação um tanto anônima desenvolvida pelo poliglota Francisco Klörs Werneck que, tendo de cuidar da esposa retida ao leito (em Niterói), traduzia em casa muitos e muitos artigos de periódicos da Europa e divulgava em mensários espíritas, ou então, em obras lançadas pelo Ernesto Mandarino, diretor-proprietário da ECO, editora sediada no Rio de Janeiro.

Os espíritas baianos em 1993, com a presença da dona Delta e do filho Paulo Henrique, realizaram o seu VIII Congresso Espírita da Federação Espírita da Bahia, em Salvador, sendo escolhido Deolindo para patrono. Na ocasião, foi lançada uma obra intitulada *Doutrina Espírita,* reunindo todo material que ele havia deixado esparramado em todos os anais da ICEB, anais estes esgotados.

O Imortal, jornal de Cambé (norte do Paraná), de março de 1984, estampou uma entrevista concedida ao jornalista Celso Martins que, em certa altura, ele indaga qual dos três aspectos (o científico, o filosófico e o moral) mais aprecia e dar a razão da preferência. E Deolindo, que haveria de desencarnar no mês imediato, responde com serenidade, naquele seu jeito e modo de falar e escrever:

— Encaro o Espiritismo com visão de conjunto. Por isso, não tenho preferência por nenhum aspecto, separadamente. Dependendo do momento, aí, sim, podemos dar mais ênfase a este ou àquele ângulo. Se temos preocupação mais objetiva, naturalmente é o momento em que nos interessa mais a leitura de natureza científica. Quando, porém, temos um problema de consciência ou estamos abatidos pela dor, naturalmente o raciocínio analítico por si só não é mais suficiente, pois precisamos de uma fonte de consolo e esperança. É o momento em que, pela via do sentimento, nós nos voltamos para a mensagem evangélica à luz do Espiritismo.

Caso você queira conhecer mais detalhes, sugerimos a leitura do livro *Eles Pensam Assim*, editado pela Distribuidora Paulista de Livros, que enfeixa uma série de entrevistas do repórter Celso Martins, publicadas anteriormente tanto em *O Imortal* (lançado em Cambé, Paraná, pelo Natal de 1953 graças ao Luiz Pucinin e ao Hugo Gonçalves, este último discípulo de Cairbar Schutel) como também ao jornal *A Nova Era*, lançado em 1927, por José Marques Garcia em Franca, interior do Estado Bandeirante.

Por falar em 1927, deveríamos atentar para estes dados: nesse ano, em Feira de Santana (Bahia) nascia o médium e tribuno Divaldo Pereira Franco; em Tours, na França, desencarnava Léon Denis, aquele que mais intensamente divulgou o Espiritismo em todos os aspectos, embora em seus livros (em farta messe até) poucas vezes citasse o nome do codificador Allan Kardec; e Francisco Cândido Xavier, em Pedro Leopoldo/MG, começava sua atividade mediúnica, só interrompida quando o mineiro do século XX, segundo pesquisa realizada pela mídia, recebendo Chico Xavier mais votos do que patrícios como o jogador de futebol Pelé, o poeta Carlos Drummond de Andrade, o político Juscelino Kubitschek de Oliveira, construtor de Brasília em 1960 e o inventor do avião e do relógio de pulso Santos Dumont, desencarna às 19h30min do domingo, 30 de junho de 2002, quando o povo brasileiro comemorava o troféu de Pentacampeão de futebol com os jogadores do Luiz Felipe Scolari espalhando alegria a partir dos campos da Coréia e sobretudo do Japão! E o estimado Chico é recebido no Mundo Maior pelo próprio Jesus exatamente quando ele, Chico, desejava ausentar-se de seu corpo de 92 anos de idade, quando a Nação Brasileira estivesse em festa generalizada, em que pesem às terríveis dificuldades socioeconômicas em tempos de Globalização!

Chico Xavier

Mas voltando ao Deolindo Amorim: em julho de 1998 o médium Elzio Ferreira de Souza lança em Salvador o livro mediúnico de título *Espiritismo em Movimento*, alentado volume com enorme quantidade de notas envolvendo muitas obras escritas em português, e em francês também. Ressalto, por fim, que Deolindo Amorim assim deixou escrito em seu exemplar de *O Evangelho Segundo o Espiritismo*:

"*O Evangelho Segundo o Espiritismo* é para mim a maior mensagem de esperança e apoio íntimo que já encontrei até hoje. Nesta obra, que é meu livro de orientação em todos os momentos de minha vida, aprendi o Cristo e a Justiça Divina. Sou um homem feliz e posso dizê-lo tranqüilamente. Assinado: Deolindo Amorim, em 26/08/83." Oito meses depois partiu de regresso ao seu lar espiritual.

A Verdade dos Fatos

Ainda quando alguém se cerque de boas fontes, ao fazer o levantamento histórico de determinada fase da vida de um povo, corre o risco de cometer involuntárias omissões, sobretudo quando vive na vida febricitante das grandes cidades e deve ganhar honestamente o pão de cada dia.

Eis então por que, valendo-se de sua memória, sem dúvida alguma prodigiosa, Deolindo Amorim em seu livro *Idéias e Reminiscências*, editado pelo Instituto Maria, de Juiz de Fora (Minas Gerais) passou ao leitor e ao pesquisador do futuro algumas informações que o Jorge Rizzini procurou retificar num delicado artigo estampado em *Jornal Espírita*, de São Paulo, na época em que este semanário era vendido até nas bancas de jornais sob a direção da Lake, exatamente dois dias depois da morte do Amorim (ou seja, *JE* de 26/04/84), material este incluído pelo Celso Martins no II Volume da coletânea (de três tomos) intitulada *Seareiros da Atualidade*, numa edição da Editora ABC do Interior, que, mais tarde, seria a Editora Mensagem de Esperança.

Jorge Rizzini

Aliás, vivendo na mesma cidade, Celso Martins e Deolindo Amorim, embora realmente tivessem muitos pontos de vista em comum sobre o Movimento Espírita, ou seja, em torno do modo pelo qual a comunidade espírita divulga a Doutrina, por razões diversas, Celso Martins não pôde pelo menos uma só vez assistir às aulas do ICEB, no que sua esposa (Neli Tavares Martins) foi muito mais favorecida pelo destino. Ela freqüentou o Instituto quando o mesmo funcionava na Rua dos Andradas e ali viu de perto o velho Imbassahy, sentado, a acompanhar as palestras dos seus amigos, poucas vezes tomando da palavra. Ali ela conheceu o escritor e jornalista Humberto Mariotti, quando este argentino visitou o Brasil no começo da década de 60 do século passado. Inclusive Neli sempre diz que o Prof. (de Química) Dr. (médico homeopata) Lauro de Oliveira S. Thiago sempre terminava suas aulas enaltecendo de maneira sincera e mesmo comovente a figura de Jesus. Outros confrades que ela conheceu na Casa de Deolindo Amorim (nome pelo qual carinhosamente muitos espíritas deram ao ICEB) foram o Enéas Dourado e o Gen. Alfredo Molinaro, bem como o Gen. Milton O'Reilly de Souza, o qual, sendo professor de Matemática e de Português, tendo lecionado na AMAN, ou seja, Academia Militar de Agulhas Negras, no município fluminense de Resende, escreveu o *Vocabulário Etimológico Ortoépico e Remissivo*. Vale ressaltar que este Oficial do Exército Brasileiro fazia questão de esclarecer que a abreviatura da palavra "general" não é GAL., como muita gente pensa e escreve. Não, na sua opinião Gal era só a Gal Costa, conhecida cantora baiana. Ele e seus colegas de farda só eram, na abreviatura, GEN. Outro assunto por ele lembrado é a pronúncia correta da palavra "Emmanuel", em relação ao guia espiritual do já saudoso Chico Xavier. Por ser uma palavra hebraica, não se pronuncia Emmânuel, como fazem muitos companheiros de lides espíritas. O certo é Emmanuél, rimando com Gabriel, Jaziel, Joel e outros nomes bíblicos. Aliás, em Esperanto é Emanuelo, com um "m" só. Para quem não saiba, este vocábulo aparece em Mateus, cap.1, vers. 23

General Alfredo Molinaro

apresentando o evangelista até o significado do termo, ou seja: Deus conosco!

Assim, em 1966 Celso defende a alegria dos moços nas festas espíritas. Sai seu artiguete em *Macaé Espírita*. Deolindo envia carta ao mensário macaense em apoio ao comentário do jovem jornalista. O tempo corre e em 1982 Celso estampa em *Jornal Espírita* outro escrito sobre a alegria pura que se pode sentir nos dias de carnaval, e, de novo, Deolindo lhe envia agora, para sua casa, carta de apoio.

Eis que termino mesmo estes dados sobre Deolindo e, como dizia o Rizzini, todos esses livros devem ser referência obrigatória quando surgir alguém que se lance à tarefa de escrever a História do Espiritismo no Brasil.

Deolindo Amorim e Regina Caldas no Congresso de Jornalistas e Escritores Espíritas em Salvador (1982)

Algo sobre Carlos Imbassahy

Carlos Imbassahy

Vista alguma coisa em torno da vida e dos livros do Deolindo, mesmo sabendo que não esgotei o tema (deixando a complementação por conta de outros confrades de maiores condições), passo também, numa espécie de vôo de pássaro, em revista alguma coisa sobre o Bozzano brasileiro a quem passei a ler e a admirar eu ainda meninote...

Creio que devo remontar aos idos de 1948. Só mais tarde vim a saber que naquele ano se reunia no Rio de Janeiro, na época Distrito Federal e Capital da República, entre 17 e 23 de julho, o I Congresso Brasileiro de Mocidades e Juventudes Espíritas. Tanto como no mesmo ano, agora entre 31 de outubro e 5 de novembro, a 420 quilômetros de distância, quer dizer, na Capital Bandeirante, estava ocorrendo um Congresso Brasileiro de Unificação Espírita. Tinha os meus 6 anos e, já alfabetizado em casa pela ternura materna estudando a famosa *Cartilha da Maria Júlia*, então pela primeira vez li alguma coisa do Carlos Imbassahy. É que meu pai, espírita desde 1940, após um cruel processo obsessivo, curado quase que em meia hora num centro espírita (acho que chamado Discípulos de Jesus) na Rua Alice, no bairro das Laranjeiras, tinha entre seus livros um exemplar de *Um Inquérito Original*.

O festejado escritor italiano Edmond de Amicis (pronúncia: Ámitchis), nascido em 1846 e desencarnado em 1908 (o mesmo ano da morte de Machado de Assis), o italiano aí mencionado se

imortalizou com o seu admirável livro infanto-juvenil *Coração*, ele deixou para a posteridade esta frase lapidar:
"O destino de muita gente seria muito diferente se na casa paterna houvesse uma biblioteca..."
O confeiteiro da Padaria São Luiz, do Largo do Machado, um pouco próximo do Palácio das Águias, onde em 1948 exercia a Presidência do Brasil o Gen. Eurico Gaspar Dutra, não tinha em seu lar modesto, em bairro proletário sem água e esgoto encanados, sequer luz elétrica, senão uma meia dúzia de livros, destacando-se obras de Kardec, numa edição austera da FEB, alguns livros da mesma FEB do espírito Humberto de Campos através do médium Francisco Cândido Xavier.

Sentados, da esquerda para a direita: Maria Imbassahy, Carlos Imbassahy e Newton Boechat. De pé: Armando Sodré, Olimpio da Silva Campos (filho adotivo do casal Imbassahy) e Vitorino Orlandi, fundador da "Jesualda", cidade espiritualista, próxima a Paracatu/MG. (Foto tirada na residência de Carlos Imbassahy, Niterói, em 23-2-1964, às 19h)

Seu segundo filho (o mais velho morreu aos 4 meses em janeiro de 1942), não podendo ouvir rádio nem ver televisão, porque esta última só entraria no Brasil por volta de 1950 (salvo engano) (haveria de nascer em 1945 Célia a única filha do casal), cheio de curiosidade, já sabendo até a tabuada dos nove e lesse os jornais do Rio de Janeiro naquela época, teve outro destino porque "devorava" (e às vezes sem entender direito) aqueles livros mágicos dentro da fértil imaginação de um guri magrinho e que tivera, um ano antes, a febre maleita, malária, sezão, impaludismo, a febre palustre, que é tudo a mesma coisa do que impaludismo, que, aliás, matou em Cápua, na Ásia, aos 33 anos de idade o belicioso Alexandre Magno... Só em lembrar isso, as minhas papilas gustativas sentem o sabor horrível dos litros tomados de chá da casca do quinino e da erva Macaé, na terapêutica da época usando a famosa Flora Medicinal...

Naquela publicação organizada em 1946 pelo prof. Leopoldo Machado reunindo comentários em torno da pergunta: "Tem cabimento a música nos atos espíritas?" — estava estampada a opinião do Dr. Carlos Imbassahy, ao lado das opiniões de um médico Randolpho Pena Ribas, de um militar Araripe Faria (se não me trai a memória), além de outros "medalhões" ou "cobras" do Espiritismo, sendo que

Gen. Manoel Araripe Faria   Randolpho Pena Ribas

essas opiniões saíram antes do jornal *Vanguarda*, no qual Álvaro Brandão da Rocha mantinha diariamente uma coluna espírita. E meu pai sempre trazia, à noite, quando regressava lá da Padaria São Luiz, depois de tomar um trem elétrico da Estrada de Ferro Central do Brasil e valer-se de um ônibus da Empresa São José, do Oscar Soares, que levava passageiros pela Estrada Plínio Casado, em direção a Belford-Roxo, este jornal *Vanguarda*.

E eu que já estava a ler livros com versos de Olavo Bilac, com contos de Viriato Corrêa, com lendas orientais de um tal de Malba Tahan, com crônicas de Ariosto Espinheira, e dava uma olhada na *Gramática da Língua Portuguesa*, se não me engano do Gaspar de Freitas, numa edição da Francisco Alves Editora, fiquei simplesmente de boca aberta diante da erudita resposta do Dr. Carlos Imbassahy sobre a música no meio espírita. Mal sabia que ele era filho de um crítico musical, Arthur Imbassahy, que privava da amizade de um Ruy Barbosa, de um Carlos Gomes, de um Osvaldo Cruz.

O tempo passa e a vida, sempre generosa, vai colocar-me em 1963 ou 1965 (não estou bem certo, pois lá se vão tantos lustros e escrevo estas pequenas memórias sem tempo para consultar meus alfarrábios, quatro vezes impiedosamente devorados pelo cupim), no auditório superlotado do Centro Espírita Fé, Esperança e Caridade, numa concorrida Semana Espírita, ouvi numa única ocasião uma linda conferência de um senhor de certa idade, vindo de Niterói de barca pois a Ponte Presidente Costa e Silva só seria construída em 1972. E se a famosa Estrada de Ferro Madeira-Mamoré exigiria para cada dormente a vida de um operário, a mesma Ponte Rio — Niterói custaria ao Ministério dos Transportes do Coronel Mário Andreazza a vida de muitos trabalhadores braçais na vasa pútrida da Baía de Guanabara.

Dando um salto no tempo e me vejo agora, com um filho de um ano e meio, ao lado da esposa que traz no seio generoso a Silvana que nasceria no dia 10 de agosto, eis-me que em 1972 estou em Niterói para tomar parte de um Congresso de Jornalistas e Escritores Espíritas do Brasil e ali vejo que são lançados dois livros. Ei-los:

1 — *Quando os Espíritas se Encontram* — do saudoso médico radiologista do Hospital Antônio Pedro, conterrâneo de minha mãe (aliás, do lado materno só tenho campistas e até em meu corpo circula sangue de um bisavô indígena!) Alberto de Souza Rocha relatando o que ele vivenciou em semanas espíritas pelos municípios do

Alberto de Souza Rocha

Norte da Velha Província, ou seja, do antigo Estado do Rio de Janeiro; e

2 — *Na Hora da Consulta* — em que estavam reunidas muitas e muitas questões respondidas por Imbassahy em *Mundo Espírita*, jornal a que já me referi antes ao lembrar o Deolindo Amorim.

Agnelo Morato   Alfredo Miguel dos Santos

E se nos anos 60, solteiro, admirei a sua palavra alegre e vigorosa — agora nos anos 70, casado, eis que sou testemunha da instalação do Auditório Carlos Imbassahy. Se nos anos 60 estava em Nova Iguaçu, já escrevendo vez por outra em jornais, agora nos anos 70 (um pouquinho antes do chamado "milagre brasileiro"), ainda ouvindo a canção *Prá Frente Brasil*, campeão de futebol pela terceira vez (não consecutiva) em 1970 nos campos do México. Vendo de perto o Herculano Pires, o Agnelo Morato, o Alfredo Miguel, o Jorge Rizzini, estreitando os laços de amizade com o Aureliano Alves Netto, revendo o Carlos de Brito Imbassahy, a quem conhecera em 1964, quando no mês de julho participei de uma semana espírita em Astolfo Dutra (MG) e vi o cacau no tronco; cana virar melado, rapadura, açúcar e pinga; folha do tabaco para o fabrico do fumo em rolo, estava admirando a metamorfose que sofrera a sede da Federação Espírita do Estado do Rio de Janeiro que, fundada no começo do século, agora na Rua Coronel Gomes Machado, 140, era admirável o prédio de vários andares, elevador, livraria, tudo graças ao denodado esforço do Floriano Moinho Peres. E no momento em que datilografo este texto (novembro de 2002) vejo na presidência da FERJ o esperantista Hélio Ribeiro Loureiro.

Novo salto como se eu fosse um canguru e estou na sempre cheia livraria do Centro Espírita Léon Denis na parte da tarde e da noite. É que, numa noite de sábado, por incrível que pareça, seja do ano de 2002, não sei o dia exato do mês de julho, enquanto no salão para mais de 500 pessoas, entre as 19 e 20h, profere uma palestra, transmitida para outros salões lotados do mesmo prédio da Rua Abílio dos Santos, 137 (detrás das Sendas de Bento Ribeiro) o confrade Gilson Alves de Lima, que estava em vias de regresso de Itajubá (MG) para a cidade do Rio de Janeiro, palestra esta transmitida pela Rádio Rio de Janeiro — estou dando autógrafos de um livro de autoria do Carlos de Brito Imbassahy em parceria com o já saudoso Alberto de Souza Rocha, cuja leitura nenhum espírita poderá deixar de fazer.

Seria audácia imperdoável se então escrevesse este escriba alguns dados do Carlos Imbassahy. Não passaria de uma piada de mau gosto. Tal tarefa está a cargo do seu filho que, por isso mesmo, já nos deu obras como *Memórias Pitorescas do Meu Pai* e também *Quando os Fantasmas se Divertem*. Se bem em Belém, Estado do Pará, o denodado jornalista, dramaturgo e escritor Nazareno, sempre elaborando artigos na defesa do Espiritismo rigorosamente conforme no-lo deixou Kardec, tenha elaborado e a Federação do Estado de São Paulo lançasse o livro *Carlos Imbassahy — O Homem e a Obra.*

Capas de livros de Imbassahy

Vale relembrar que Carlos Imbassahy, conhecido carinhosamente no lar como Yeyê (se não me engano), veio ao mundo aos 9 de setembro de 1883, o mesmo acontecendo em São Borja (RS) ao futuro Getúlio Dorneles Vargas; nasce, pois, Imbassahy na Capital da Bahia, filho do médico e crítico musical Arthur Imbassahy, colega de escola do gênio baiano Ruy Caetano Barbosa de Oliveira, amigo íntimo do compositor campineiro Antônio Carlos Gomes, e da dona Francisca Cardim Imbassahy.

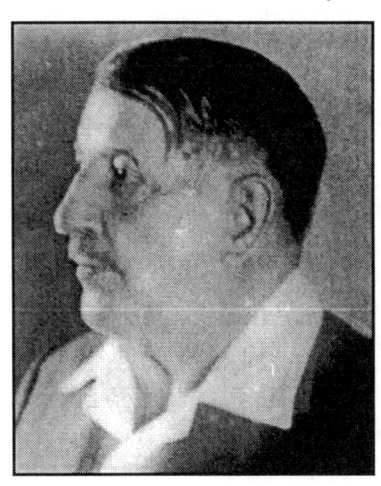

Morre-lhe a mãe quando ela lhe dá a luz dos olhos físicos, talqualmente ocorreria em Palmira, atual Santos Dumont (interior de Minas Gerais) a Geraldo de Aquino em 14 de março de 1912. Dá-se que o pai de Imbassahy é convidado pelo grande sanitarista paulista Oswaldo Cruz (nascido em 1872, mesmo ano do nascimento na então Boêmia do poliglota, esperantista, médium e professor primário, sempre vivendo no interior gaúcho, Francisco Valdomiro Lorenz) — naqueles tempos, o pioneiro da Medicina experimental em solo brasileiro, combatendo a febre amarela, a peste bubônica e a varíola não só no Rio de Janeiro porém até na Amazônia onde a construção da Estrada de Ferro Madeira-Mamoré (Bolívia) exigisse para cada dormente a vida física de um trabalhador braçal. Mas como vinha dizendo, a convite de Oswaldo Cruz, o pai de Imbassahy desloca-se da capital soteropolitana e se fixa em Niterói.

Francisco Valdomiro Lorenz

Forma-se em Direito, com o convívio de seus irmãos Eduardo e Judith. Começa a exercer a advocacia quando se lhe ocorre um incidente aborrecido. Vamos resumi-lo: é defensor no Tribunal de um homem que lhe contratou os serviços para separar-se da mulher, cujo consorte a cobria de pesadíssimas acusações. Imbassahy ganha a causa. O Juiz consente no desquite, de vez que só muito mais tarde, em 1977, no governo do Gen. Ernesto Geisel, mesmo com a oposição sistemática da Igreja Católica, não sei se a religião luterana do militar citado tenha influído, o divórcio passa a ser agasalhado na legislação brasileira. Imbassahy, então, ganha a causa separando aquele pobre homem da esposa, "irresponsável megera", aliás, NÃO OUVIDA PELO ADVOGADO BAIANO.

O tempo passa e o causídico conhece macilenta mulher, praticamente na miséria porque seu lar havia sido destroçado pelo marido sem caráter, justamente aquele cidadão que ele havia tido como cliente. Acabrunhado, o advogado rasga o diploma, não mais toma causas e, tendo feito um concurso, é para logo nomeado para exercer funções junto às finanças do Governo Federal no Rio de Janeiro, vindo a aposentar-se, muito mais adiante, na condição imediatamente abaixo de Secretário da Fazenda. Acontece, porém, que há um fato que deve cá ser citado e vamos ligeiramente resumi-lo assim:

No Estado do Maranhão (Muritiba) em 1886 nascia Humberto de Campos. Depois de muita luta, tendo inclusive estudado à luz de um lampião durante as madrugadas vivenciadas na condição de seringueiro, vem para o Rio de Janeiro e aí, com apenas um único livro de poesias, intitulado *Poeira*, em 1919 toma assento na Academia Brasileira de Letras. Escrevendo terrivelmente muito para manter sua família, inclusive com o pseudônimo de Conselheiro XX quando o escrito era por demais picante, o Brasil em peso o acompanhou em seus escritos que apareciam em inúmeros jornais das capitais. Ingressou na política, mas com a Revolução de 1930 foi perseguido. Sofrendo de acromegalia, o que lhe provocou um tumor cancerígeno da língua hipertrofiada e ferida pelos dentes da arcada superior dos maxilares, eis que morre quando é operado para retirar umas pedras na bexiga, comovendo toda a Nação em 1934, um pouco antes do Natal.

Tendo crise de pedras na bexiga também Napoleão Bonaparte, ou Napoleão III (sobrinho do corso) em 1869 não pôde comparecer à inauguração do Canal de Suez, ligando o Mar Mediterrâneo ao Mar Vermelho numa arrojada empreitada do engenheiro francês Ferdinand de Lesseps (1805-1894), o mesmo que engendrou o Canal do Panamá, morrendo antes de sua inauguração, em 1914, ano da eclosão da Primeira Guerra Mundial, em cujo teatro dantesco um dos irmãos de Zamenhof, médico como o autor do Esperanto, cometeu o terrível engano do suicídio para não mais ver o massacre de homens na flor da vida jovem em nome de patriotismo xenófobo ocultando sempre interesses comerciais.

Imbassahy / Lins de Vasconcellos / Deolindo

Mas voltemos ao poeta e contista e cronista em dezembro de 1934 desencarnando e já em março de 1935 se apresentando ao moço de Pedro Leopoldo para dizer que os mortos de pé, como diria o Tamassía anos mais tarde, acordariam os vivos. E assim, à medida que o autor de *Sombras que Sofrem*, de *Destinos*, etc., dá a prova da sua imortalidade, comprovada pelo crítico muito temido, católico declarado Agripino Grieco (autor daquela cáustica frase segundo a qual antes os animais falavam e mais modernamente escrevem). O moço mineiro escreve e a Federação Espírita Brasileira, por iniciativa de Manoel Quintão e apoio de Guillon Ribeiro, passa para todo o Brasil *Crônicas de Além-Túmulo, Reportagens de Além-Túmulo, Boa Nova, Brasil — Coração do Mundo, Pátria do Evangelho*, livros com enorme aceitação.

O Caso Humberto de Campos

Humberto de Campos

Claro que o público que antes lia Humberto vivo, agora lia o mesmo maranhense morto de modo que sua viúva e herdeiros exigem direitos autorais levando à Justiça não só o medianeiro orientado pelo espírito Emmanuel (Chico Xavier), mas também a editora dos espíritas. Diante da acusação, a FEB defende-se e aí entra a cultura de Carlos Imbassahy. Não podendo ele mesmo tomar a causa por ter rasgado seu diploma de advogado, como já relatei, eis que reúne sólidas provas em favor da veracidade mediúnica e, não fazendo coro com os que diziam ser aquilo tudo senão um plágio, um assalto ao trabalho alheio, numa prova de incompetência, deixa bem claro que aquela prodigiosa produção do poeta do velho cajueiro era (como realmente é) a mais cabal demonstração de que a vida prossegue além das cinzas do túmulo.

E aí, tendo às mãos esta farta documentação, o Dr. Miguel Timponi, o mesmo Michaelus do livro *Magnetismo Espiritual* (edição da FEB), defende tanto o médium como a Federação de modo que o Ministro Nélson Hungria, renomado jurista, declara não caber à Justiça da Terra ajuizar sobre os direitos de um autor que escreve depois de morto; não sendo do domínio da Lei Humana a regulamentação dos direitos autorais de um defunto que, depois da tumba, teima em continuar escritor.

E desde então o festejado jornalista, querendo dar continuidade à sua tarefa de semear a luz e a esperança, daí em diante (1944) adota o nome literário de Irmão X, e o antigo Conselheiro XX (xis-xis e não vinte como poderia parecer à primeira vista) prossegue nos dando, entre outros livros, *Luz Acima, Contos e Apólogos, Na Estante da Vida, Pontos e Contos*, etc.

Capa de *A Psicografia ante os Tribunais*

Foi assim escrito *A Psicografia ante os Tribunais* analisada no seu tríplice aspecto jurídico, científico e literário, escrito pelo esperantista e advogado Miguel Timponi com base (já foi dito mas deve ser repetido) no material em farta messe levantado pelo advogado que morava em Niterói.

Aliás, critica-se muito o plágio literário. Sim, literário porque o há também na arte musical e aí, para não irmos muito longe, temos aqui no Brasil entre nós o discutido compositor Heitor Villa-Lobos (1887-1959), o famoso autor das *Bachianas Brasileiras*, das quais a de nº 5 é, na minha opinião, tão linda como a *Ária da 5ª Corda de Bach*, como a *Suíte do Quebra-Nozes*, de Tchaikovski, como a *Marcha Turca*, de Mozart, o *Bolero*, de Ravel, a *Dança das Horas*, da ópera *La Gioconda*, de Poncchielli. Com efeito, Villa-Lobos tinha contra si mais de 400 processos em juízo sob a alegação de plágio.

No entanto, quem quer que conheça meio palmo de literatura universal, dirá que também Camões utilizou muitos versos de Petrarca, assim como Racine copiou Eurípedes, tanto quanto Virgílio imitou Homero. E quem não conheça a reencarnação, não sabendo serem três personalidades o mesmo espírito imortal nas vidas dos poetas de fábulas Fedro lá na Grécia, Esopo na Roma Antiga e mais perto de nós Lafontaine na França, tachá-los-ia sem pestanejar um pastiche também.

Ocorre que, por meio do lápis de um Chico Xavier, de um Waldo Vieira, de um Jorge Rizzini, não houve plágio tampouco pastiche quando lemos um Guerra Junqueira, um Casimiro Cunha, um Castro Alves. Tanto como por meio do pentagrama Rosemery Brown nos brinda com sinfonias de um Tchaikovski já lembrado, de um Beethoven, de um Chopin, de um Liszt. Também por meio de um Gasparetto, em questão de minutos, trabalhando com ambas as mãos e até com os pés, diante das luzes de uma câmera de televisão nos oferece quadros de Leonardo da Vinci, de um Renoir, de um Miquelângelo, de uma Anita Malfatti, de uma Tarsila do Amaral, de um Cândido Portinari, etc...

Castro Alves

E para finalizar estes parágrafos sobre a vida do Carlos Imbassahy, antes de passarmos ao estudo mais minudente de seus livros, a meu ver clássicos como são os de Bozzano, de Denis, de Camille Flammarion, de Delanne, de Deolindo Amorim, de Aureliano Alves Netto, de Hermínio Miranda, de José Herculano Pires, diria em síntese que Carlos Imbassahy, em dezembro de 1930, casou-se com a dona

Maria Brito, uma jovem que conhecera na Zona Oeste do então Distrito Federal, vindo o casal a residir inicialmente no bucólico subúrbio da antiga Estrada de Ferro Central do Brasil, no Ramal de Sta. Cruz (nome da estação mais distante da gare de D. Pedro II, ao tempo das Marias-Fumaça, ou sejam, vetustas locomotivas movidas a vapor, com o carvão de pedra a arder na caldeira e pela chaminé saindo uma fumaça muito negra, como se fora um gigante a cachimbar, a recordar o engenheiro britânico George Stepheson (1781-1848) que, 20 anos antes de morrer, com sua Rocket correndo a 56 km/h, liga Darlington a Stockton.

Posteriormente, o casal, já tendo como filho o futuro professor de Física e engenheiro Carlos de Brito Imbassahy, escritor e jornalista muito conhecido, veio a residir em Niterói, em diversas casas, todas elas adquiridas com certa dificuldade e graças ao dinamismo de dona Maria. Assim, quem quer que viesse a Niterói passaria obrigatoriamente no lar dos Imbassahy a fim de trocar dois dedos de papo com erudito escritor, que, por exemplo, quando tinha alguma dúvida, buscava resposta numa Bíblia escrita em latim, numa edição bem antiga da *Vulgata*, feita por São Jerônimo, a partir do ano 383, com base em numerosos textos antigos. E depois de uma vida toda ela voltada para a difusão e a defesa dos postulados espíritas, eis que regressa ao Mundo Maior em 4 de agosto de 1969, sem perder a lucidez nem a verve, o senso de humor como se verifica neste caso até anedótico estando ele num leito de dor. A esposa, para aliviar-lhe os sofrimentos físicos, fez-lhe uma aplicação de um supositório de analgésico. Como não sentisse alívio pronto, alguém teria dito à dona Maria se ela teria feito aplicação certa. Ao que ele replica:

— Fez certo, sim, porque ali só há um único orifício!

Quando me contaram esta história, de imediato me lembrei da famosa frase de La Bruyère segundo a qual se fôssemos esperar sermos felizes para podermos sorrir, corremos o risco de morrer sem nunca ter dado umas gostosas gargalhadas.

Contou-me o confrade João Patrício Chaves, do Centro Espírita Elias, de Realengo, à cuja sede na Rua Piraquara diversas vezes comparecia para fazer proveitosas palestras Deolindo Amorim, que este último jornalista repetia sempre um lance ocorrido com o Imbassahy. Negócio é o seguinte: Num jornal do Rio de Janeiro, de grande circulação, um professor de Português e pastor evangélico mantinha uma seção de ataque cerrado aos espíritas e não admitia dar resposta a quem quer que fosse, como se ele fosse o dono absoluto da Verdade.

Newton G. de Barros, Antenor de Miranda (da cidade de Cruzeiro/SP) e Carlos Imbassahy.

Ora, o "mocinho" investiu-se sem cessar contra a Doutrina Espírita, que o *Imba* resolveu-lhe enviar uma SENHORA carta. No domingo imediato, saem naquela coluna estas palavras iniciais: "Como os senhores sabem, eu não dou espaço de réplica a ninguém. No entanto, agora devo fazer exceção para não ser acoimado de descortês. Vou responder ao Dr. Carlos Imbassahy porque, pelo menos, ele conhece a Língua Portuguesa."

Imbassahy Romancista

Realmente, antes de o Espiritismo conhecer o autor e o tradutor que deu o melhor de si ao engrandecimento da Doutrina dos Espíritos, Dr. Carlos escreveu romances como *Os Menezes* e *Leviana*. Relativamente a estas obras escritas por ele antes de ser espírita, deve ser relatado esse fato. Escrito o romance citado (*Leviana*), o autor encaminha um exemplar a Leopoldo Machado, ainda residente em Salvador. Ora, lido o romance, seu conterrâneo escreve um comentário num jornal da cidade, depois encaminhado em recorte do periódico ao romancista.

Acontece que o comentário do futuro bisonho mestre-escola, que nem tinha as séries da escola completado, desagradou ao advogado, latinista, poeta bissexto, enfim... E mandou a resposta ao atrevido baiano dizendo que Deus o livrasse a ele, Imbassahy, não só do Espiritismo, mas principalmente dos espíritas.

O tempo passa e, entrando para o serviço público federal, Imbassahy, trabalhando ao lado de Amaral Ornelas, este o traz para o Espiritismo, por volta de 1920, desencarnando em 1923. Quanto ao Leopoldo, o futuro os veria unidos de tal modo que, certa ocasião, sabendo que o professor estava doente lá em Nova Iguaçu, Imbassahy sai de Niterói e o visita. Respondendo a esta visita, escreve Leopoldo, sempre alegre e bem-humorado, que o Imbassahy desejava ser considerado amigo do peito, morrendo Leopoldo nos braços do amigo querido.

Entretanto, Imbassahy não se limitou em escrever em cima da ficção, porque nessa mesma ocasião, ao que parece já tendo na gaveta um livro de título *Questões de Português*, lança, após exaustiva pesquisa, um livro acerca dos *Grandes Criminosos da História*... Todavia, era mesmo para o Espiritismo que ele haveria de voltar sua pena cintilante em valiosos compêndios até hoje atuais em cujas páginas não sabemos que mais admirar, se o estilo escorreito e elegante, se a segurança doutrinária, se a vasta cultura geral capaz de falar de igual para igual até com médicos quando o assunto se voltasse para a Medicina. Senão, vejamos:

1 — Em 1926 sai da Gráfica Sondermann, com prefácio de Guillon Ribeiro, o livro de há muito esgotado sob o título de *À Margem do Espiritismo;*

2 — Datada de 1935 sai a obra *O Espiritismo à Luz dos Fatos* na qual, se na 1ª edição defende os ataques dos médicos, na edição seguinte refuta também os ataques de padres, numa publicação da FEB;

3 — A Sociedade de Medicina e Cirurgia do Rio de Janeiro entendeu de abrir baterias contra os espíritas. Nessas circunstâncias, aparece no cenário a Sociedade de Medicina e Espiritismo do Rio de Janeiro, e seu fundador,

Levindo Melo, escreve o prefácio e o Imbassahy nos oferece, numa edição de *Mundo Espírita*, inclusive citando um discurso proferido em Paris, o laureado Prof. Dr. Charles Richet em 1925, a obra de vulto intitulada *Ciência Metapsíquica*.

Foi dito antes que os espíritas sofreram ataques dos padres, dos médicos e dos policiais de Vargas, sobretudo durante o Estado Novo, que durou de novembro de 1937 até a deposição do gaúcho em outubro de 1945. Posso dar um exemplo que conheci de perto, na Rua do Catete, famosa por suas enchentes, pelas casas de venda de móveis e, naturalmente, pelo Palácio das Águias, onde hoje está o Museu da República, e que serviu durante longos anos de residência dos presidentes.

Ora, nos anos 40 era muito conhecido o médium espírita, que ficou cego depois de certa idade, chamado de Porfírio; muito conhecido por suas receitas mediúnicas, dadas no recinto do Centro Espírita Irmãos Cristófilos (atualmente sediado em Botafogo, sob a direção do Coronel-de-Exército, reformado, Gothardo José Portela de Miranda, que inclusive esteve nas tropas da ONU para garantir a paz em Suez); e, como vinha dizendo, o "ceguinho do Catete" era muito conhecido por seu receituário mediúnico trazendo cura para muita gente.

Deolindo Amorim fazendo palestra no Centro Espírita Cristófilos, que tem mais de cem anos. A seu lado, Gothardo Miranda

Bem, na esquina da Rua do Catete com a Rua Bento Lisboa há até hoje uma delegacia policial. Vejamos: o delegado desta delegacia, não conseguindo qualquer melhora para determinada doença, eis que pede ao guarda que monta vigilância, armado, dentro do Centro traga-lhe uma consulta dos médicos do Grande Além.

Qual não é a surpresa do policial quando, assim que entra no prédio, e vê uma fila enorme esperando atendimento, ouve o médium dizer bem alto: "Seu" guarda, pode se aproximar. Eis a receita para a doença do doutor delegado que os médicos não conseguem curar!...

Parece que, depois disso, naturalmente em gratidão pela cura obtida, o delegado andou fazendo vistas grossas. Bem, mas o caso não termina aí, não! Em 1953 a Rádio Clube do Brasil, PRA-3, por motivos políticos, sai do ar lançando no desemprego muitos radialistas. Geraldo de Aquino, que, como servia na condição de funcionário civil no Ministério da Guerra, inclusive instalando ali o Serviço Geográfico do Exército, pede uma audiência com o Getúlio a fim de interceder em favor da Rádio. Assim que Geraldo entra na sala, o Presidente lhe diz

Geraldo de Aquino   ser ouvinte do *Programa Meditação e Evocação da Ave-Maria*, que teve seu começo a 1º de novembro de 1948, a partir das 17h55min até as 18h30min, na época AO VIVO.

Alguém poderia admitir estivesse o Presidente Vargas blefando, maquinando maquiavelicamente, como costumam fazer os políticos. Eu mesmo durante anos assim pensava em cima do que meu pai vivenciou em termos de ter uma ficha na polícia, como contraventor, ao lado dos bicheiros e das mulheres ditas da vida fácil... Eis que em fins de 2000 conheci a União Espírita dos Discípulos da Terceira Revelação. Lá entrei em contato com o Fernando Gustavo Capanema e dele soube do que lhe sucedeu alguns anos atrás, aqui mesmo no Rio de Janeiro.

Atualmente, o Santuário de Frei Luiz, onde desde alguns anos centenas e centenas de doentes são atendidos antes por médicos e, se for o caso, por médiuns, está situado na Estrada do Boiúna, em Jacarepaguá. No entanto, teve início na Travessa Martinha, perto do

Algo sobre Carlos Imbassahy 67

Vovô Victorino

Largo da Abolição, recinto em que foi até operado sem dor o saudoso Vovô Victorino Eloy dos Santos, sobre quem alguma coisa anotamos no relato a respeito do *Programa Radiofônico Seleções Espiritualistas*. Os médicos do Além desobstruíram-lhe as coronárias de ancião de uns 80 anos. Pois muito bem, lá um belo dia fanáticos da Igreja Universal do Reino de Deus, esta seita do Bispo Macedo, apedrejaram a sede do referido grupo mediúnico na calada da madrugada, o que levou os seus diretores a deslocar aquela instituição para Jacarepaguá.
Este meu amigo Gustavo, um pouco depois do ato de vandalismo em pleno fim do século XX, lá esteve e, para surpresa sua, viu uma enorme fotografia do tamanho natural em que apareciam o seu parente, o Ministro Gustavo Capanema, e o Pai dos Pobres, recebendo a informação de que o Getúlio Vargas conversava com os espíritos. Isso nos remete de imediato ao livro do saudoso Wallace Leal Valentim Rodrigues intitulado *Sessões Espíritas na Casa Branca*, lançado pela Casa Editora O Clarim. Mas voltemos, então, aos livros do Imbassahy.

Wallace L. Rodrigues, Pedro Franco Barbosa e Deolindo Amorim.

4 — A 7 de março de 1938 entendeu o ilustre catedrático Dr. Almeida Júnior como Diretor do Ensino em São Paulo não ser o Espiritismo religião, daí não terem as crianças espíritas direito a ouvir nas escolas aulas de Doutrina Espírita, tese que é para logo refutada com erudição exuberante no livro intitulado *Religião*, com o selo da FEB e o prefácio de Guillon Ribeiro. Aliás, durante muitos anos Carlos Imbassahy participou do quadro da diretoria da Federação Espírita Brasileira;

5 — Outra vez sai o MOSQUETEIRO de Niterói em defesa dos médiuns quando, a 21 de setembro de 1943, pelo tradicional *Jornal do Commercio*, do Rio de Janeiro, conceituado advogado ataca a Doutrina e como resposta, com o selo mais uma vez da FEB, a literatura espírita de origem humana ganha o compêndio do título *A Mediunidade e a Lei*;

6 — Teve Carlos Imbassahy grandes amigos e com alguns deles andou até escrevendo em regime de coautoria como Nazareno Tourinho, Mário Cavalcanti, Pedro Granja. Assim, a literatura espírita enriqueceu-se com a *Reencarnação e suas Provas*, lançado pela Federação Espírita do Paraná, onde são refutados os argumentos de um médico, catedrático de Medicina. Por falar em Mário Cavalcanti de Melo, vale mencionar que este confrade nos legou a obra *Como os Teólogos Refutam*, em resposta ao Frei Boaventura, assim como nos deixou o estudo de fôlego de título *Da Bíblia aos Nossos Dias*. E, no que se refere a Pedro Granja, vale recordar o seu valioso *Afinal, quem Somos?* Que contou com o prefácio de Monteiro Lobato, aliás, este defensor destemido das riquezas nacionais como o ferro e o petróleo, ainda que

Mário Cavalcanti de Melo

este seu patriotismo lhe custasse caro em termos de perseguição policial, este admirável criador do *Sítio do Pica-Pau-Amarelo*, admitia abertamente o Espiritismo, conforme deixa claro o Aureliano Alves Netto, meu parceiro no livro *Coisas Deste e do Outro Mundo*, numa edição da Editora Universalista, do Carlos Pimenta, em Londrina (Paraná). Mas voltemos ao Imbassahy;

7 — Eis que em São Paulo (capital) um jornalista do *Estadão* (ou seja, *O Estado de S. Paulo*) se levanta contra os fenômenos mediúnicos. Para logo se levanta por sua vez o Imba com o livro publicado em 1949 pela Livraria Allan Kardec Editora, a Lake, ao tempo do Batista Lino e outros, com o título de *Matéria ou Espírito?*

Batista Lino

8 — A mesma Lake no mesmo ano de 1949 haveria de lançar outra obra de Imbassahy diante da argumentação de que o Espiritismo é uma fábrica de loucos e diante de nós está *Espiritismo e Loucura*. A propósito conta-se no meio espírita fluminense que um dado psiquiatra, se não me falha a memória (porque estou a escrever sem consultar apontamentos) chamado Alexandre Rocho (sim, Rocho com CH mesmo!) levou seus alunos para conhecer um doido varrido, um médium que via os espíritos. Rodeado dos acadêmicos, o mestre diz em tom doutoral:

— O que você está vendo agora?

Resposta imediata:

— Um burro de óculos. (Portador de lentes corretivas, não sei dizer se o catedrático de Psiquiatria ficou amarelo, vermelho, branco ou... roxo, com XIS). Vamos em frente com as obras do jornalista Imbassahy.

9 — Muito conhecido na época o volumoso livro do médico Prof. Dr. Silva Melo, da Academia Brasileira de Letras, com o título *Mistérios e Realidades Deste e do Outro Mundo*, na tentativa inglória de acabar com o Espiritismo. Só que ele, Silva Melo, estava pondo a mão em casa de marimbondos. Com o selo da Edição Édipo, da capital bandeirante, eis que surge a dupla Imbassahy e Pedro Granja com o *Fantasmas, Fantasias e Fantoches*. E o Silva Melo colocou a viola no saco e fez silêncio porque outra musa maior se erguia comodamente colocando os pingos nos is;

Pedro Granja

10 — *Evolução* — livro que encerra amplos e profundos conhecimentos acerca da Biologia, da Ecologia, assim como da Psicologia, da Antropologia, até mesmo da Filosofia. Saiu pela Federação Espírita do Paraná;

11 — Eis que em 1957 o movimento espírita nacional se movimenta para festejar a 18 de abril o Centenário de *O Livro dos Espíritos* e Imbassahy, com o apoio mais uma vez da Editora da Federação do Estado do Paraná, nos brinda com *A Missão de Allan Kardec*. Prefaciou-o Francisco Raitani, um dos fundadores e diretores do Jornal *Mundo Espírita*.

Francisco Raitani

12 — Bem, até aqui falamos do Frei Boaventura que, por sinal, não ficou inimigo do Imbassahy, não! Dir-se-ia que o clérigo separava as pessoas das idéias; combatia idéias e não os indivíduos. Louvado seja o nome de Deus! Diga-se de passagem que Imbassahy chegou a ocupar

espaço de programas transmitidos para todo o Brasil pela TV Tupi, do Rio de Janeiro, com os estúdios no antigo Cassino da Urca. Aliás, esse cassino era de propriedade da família Rollo e, ao que me consta, o esperantista e espírita Ismael Gomes Braga teria se casado com a filha (não sei se única!) dessa família muito rica. Os cassinos deixaram de funcionar em 1947 pelo decreto baixado por General Eurico Gaspar Dutra, então presidente eleito no ano anterior, ele que fora Ministro da Guerra de Vargas.

Ismael Gomes Braga

Mas como estávamos a dizer: falávamos do Frei Boaventura e agora entra em cena o Padre Quevedo, do qual dei notícias quando do comentário de sua visita à casa do Aureliano, como se o visitado não conhecesse pela televisão a face do visitante. Sim, como se não bastasse a manha do Quevedo, de quebra enfrentamos na época a artimanha do Dr. Cesário Morey Hossri, nas aulas de Parapsicologia na Faculdade de Filosofia da Universidade Católica de São Paulo. Abro um parêntese para dizer que, entre março de 1967 e julho de 1972, lecionei Geologia, Paleontologia, Biogeografia e Ecologia no Curso de Geografia e História da Pontifícia Universidade Católica, no prédio John Kennedy, no CAMPUS da Gávea. Embora todos os alunos (distintíssimos alunos até) e os professores e os diretores me soubessem declaradamente espírita JAMAIS FUI MOLESTADO EM MINHA CONVICÇÃO DOUTRINÁRIA. Fecho o parêntese e volto ao Quevedo. Tanto o jesuíta e o Dr. Cesário Morey Hossri tiveram como resposta o livro *Enigmas da Parapsicologia*, Ed. Calvário (SP).

Nem assim se fez por satisfeito o Quevedo e solta o famoso tratado *A Face Oculta da Mente* e, como réplica, Carlos Imbassahy nos oferece o livro de leitura obrigatória com o título de *A Farsa Oculta da Mente*, uma publicação da Edicel, na qual vamos encontrar, na época, anos 70, a figura do Frederico Giannini, que teve, com o apoio do José Herculano Pires (como tradutor e comentarista) e a assessoria do Ruy Cintra Paiva, a coragem de editar não só os livros de Kardec, neles se incluindo as *Obras Póstumas*, como também a edição da *Revista Espírita* que Kardec lançou em 1º de janeiro de 1858 e dirigiu até sua morte em março de 1869.

Bem reconhece nesta passagem de milênio e repete sempre por meio do *Programa Semeando Idéias*, do Grupo Espírita Redenção, da Rádio Rio de Janeiro, operando em AM-1400 quilociclos o estudioso e até novelista espírita Jayme Lobato (Soares) que a leitura atenciosa da *Revista Espírita* faz com que possamos entender melhor a grandeza e a lucidez, a par de muita humildade e tenacidade do Codificador em seu pensamento mais genuíno.

13 — No Rio de Janeiro há anos, sob a direção do Ernesto Mandarino, a Editora ECO andou lançando muitos livros sobre a Umbanda. Porém, abriu espaço para os espíritas. Aliás, o tradutor por mim já lembrado antes, Francisco Flörs Werneck, pela ECO lançou um livro sobre a vida de Jesus dos 12 aos 30 anos. De igual modo, o delegado de polícia, prefeito de Guaratinguetá e mais tarde até deputado estadual, Rafael Américo Ranieri (aliás, amigo do peito do Jayme Lobato) pela ECO lançou diversos trabalhos, destacando-se *O Sexo Além da Morte*. Pois muito bem, por esta editora carioca Imbassahy nos deixou livros como *Hipóteses em Parapsicologia* e também *Freud e as Manifestações da Alma*; aliás, antes lançou *A Parapsicologia Perante a*

Nazareno de
Bastos Tourinho

Psicanálise e um pouco mais adiante, de parceria com o jornalista e escritor Nazareno Tourinho, de Belém, do Pará, nos oferta *O Poder Fantástico da Mente*, também pela Editora Eco, do Mandarino.

Hermínio Corrêa de Miranda

14 — Novamente a Edicel em cena editando-lhe *O que é a Morte?* E aí aparece o poeta bissexto, como diria Manuel Bandeira, fazendo trovas ao enviar um exemplar desta obra para os amigos. Vejamos: O Hermínio Corrêa de Miranda ganharia esta quadra:

Dirá consigo o Miranda,
lamentando a triste sorte;
Esta vida já desanda,
inda me mandam a morte?
(datada de 7 de dezembro de 1966)

Já o médico radiologista Dr. Alberto de Souza Rocha, ao receber de presente um exemplar do livro *Hipóteses em Parapsicologia*, encontra esta sextilha:

Ao amigo Souza Rocha
De luz acesa, uma tocha
Que engana da Igreja o Pai;

Pois o doente ele cura
E a vida de novo atura
E para o Alto não vai!

Imbassahy Tradutor

Desmente Carlos Imbassahy o velho ditado italiano segundo o qual todo tradutor é um traidor. Não exageremos; toda regra comporta exceção. Assim, dele temos passado do alemão o livro *A Vidente de Prevorst* (de Kerner) pela Ed. O Clarim; do espanhol *A Filosofia Penal dos Espíritas* (de Ortiz) pela Lake; do italiano por exemplo o *Fenômenos Hipnóticos e Espiríticos* (de Cesare Lombroso) também pela Lake por meio da FEB do francês *A Reencarnação*, obra de Gabriel Delanne, ainda do italiano *Fenômenos Psíquicos no Momento da Morte* (da lavra de Ernesto Bozzano), bem como do francês a obra *O Espiritismo Perante a Ciência*, do já citado Gabriel Dellane, aliás, nascido em 1857 (ano em que vinha a lume a 1ª edição de *O Livro dos Espíritos*, sendo Delanne em criança levado nos braços de Kardec) e a obra de Dale Owen intitulada *A Vida Além do Véu*, numa tradução do inglês.

Robert Dale Owen

E como se não bastasse tudo isso, depois de sua morte eis que novos livros são lançados ao público reunindo sua imensa e intensa participação na imprensa brasileira:

1 — *Na Hora da Consulta* e

2 — *As Melhores Respostas do Imbassahy*.

Amigo leitor, em 1844, conforme disse alhures, o mundo conheceu, pelo gênio de Alexandre Dumas (Dimá), os Mosqueteiros Athos, Porthos e Aramis. Se assim é, vistos Deolindo e Imbassahy, vamos ao Leopoldo, havendo sido já fornecidos alguns dados sobre o Aureliano, que seria o D'Artagnan (Dartanhá).

Algo sobre Leopoldo Machado

Leopoldo Machado, já idoso.

Não sei se você se lembra: no começo dizia que me via num mato sem cachorro não sabendo por quem começar, quando iniciei dando ao leitor alguma coisa sobre o jornalista Deolindo Amorim. Mais adiante escrevi alguma coisa sobre o Dr. Carlos Imbassahy. Na verdade, eis que de novo me vejo em um lençol de sete varas porque, se Deolindo era gigante na tribuna e no jornal, como Imbassahy era uma cultura nos mensários e nos livros, agora estou mesmo perdido pois, embora não tendo senão as noções rudimentares de criança que mal fez os oito meses da escola primária, lá no interior da Bahia, ei-lo fulgurante na tribuna, no livro, no jornal, nas viagens, no teatro, na poesia, na música, no colégio, na pesquisa histórica, enfim, Leopoldo se me parece o homem dos sete instrumentos, sabendo ao mesmo tempo (sei lá!) assobiar e chupar cana! Êta ferro! É como dizia Zarur nos áureos anos da Legião da Boa Vontade: "Um baiano de Cepa Forte". Pois foi exatamente neste recanto da Bahia que veio ao mundo no mesmo ano quando em Minas Gerais nascia Ismael Gomes Braga e na Paraíba Arthur Lins de Vasconcellos Lopes.

Ouvi da viva voz do médium e tribuno Divaldo Pereira Franco (mais outro baiano) que viajava pela Índia e um menino, creio que falando em inglês, quer saber de onde o "tio" vinha. O medianeiro de Joanna de Ângelis responde o famoso *I am from Brazil* (quer dizer, eu venho do Brasil) e a meiga criança, quase do outro lado do mundo, com inocente sorriso, exclama: "Pelé!...".

Pois é... no meio espírita nacional, e mesmo de além-mar, quando no século XX alguém dizia: "Nova Iguaçu" — para logo haveria de ouvir o eco: — "Leopoldo Machado!" Com efeito, ninguém mais que ele lançaria o nome daquela cidade da Baixada Fluminense no cenário mundial.

Divaldo Pereira Franco

Quando se submetera às provas orais dos exames vestibulares ao Curso de História Natural da Faculdade de Filosofia, Ciências e Letras da então Universidade do Estado da extinta Guanabara, atualmente Universidade Estadual do Rio de Janeiro, o companheiro Celso Martins se viu numa situação curiosa. A prova era de francês. Uma professora universitária quer que ele empregue, naturalmente no idioma de Victor Hugo, a preposição "Malgrè", quer dizer, "apesar de". Meio desajeitado, ele balbucia: "Malgrè tout, j'étais été élève du Colégio Leopoldo" (ou seja, apesar de tudo, fui aluno do Colégio Leopoldo).

Ouvindo as duas palavras finais, a professora, manifestando enorme espanto, perguntou-lhe se era verdade. Diante da resposta afirmativa, como se esquecesse de que estava a argüir um aluno desejoso de fazer seu curso superior, passou a conversar animadamente com o vestibulando nervoso não em francês, porém em português mesmo, dizendo tê-lo conhecido em Salvador, quando era ainda rapazinho. E o Celso Martins que, em Nova Iguaçu, sempre ouvia os espíritas dizerem "Seu" Leopoldo, notou que aquela mestra frisava bem: PROFESSOR Leopoldo. E agora, para alegria do rapaz, a professora diz: "Vá em paz, meu filho! Tua nota é dez!...".

Saiu o moço dali sorrindo de alegria, ele que, antes, na prova escrita do mesmo idioma, ao traduzir SEM DICIONÁRIO um longo texto sobre um tipo especial de petróleo existente nas Montanhas do Cáucaso, recebeu nota nove e meio por não traduzir um nome técnico de determinado componente daquele ÓLEO-NEGRO!

Bem, comece eu a falar não do Celso Martins, porém de Leopoldo Machado Barbosa de Souza, como era chamado por extenso. Filho de Eulálio de Souza Machado e de sua esposa Anna Izabel Machado Barbosa, este exemplo exuberante de autodidata nasceu em 1891, quando o mundo comemorava os Cem Anos da morte de Mozart e o Brasil conhecia a sua Primeira Constituição Republicana.

Episódios de Infância

Arnaldo S. Thiago

Ainda muito pequeno, foi acometido de estranha febre e os médicos que o atendem são unânimes em garantir: "Se escapar da morte, será um retardado". Mais o mesmo se deu com o filho do Celso Martins. Por ter nascido de parto cesáreo, muito laborioso, Celsinho custou muito a falar direito e seu pai ouviu de um médico essa mesma sentença sombria. Só que ambas as crianças não apresentaram "retardo" coisa nenhuma! E um fato que o próprio Leopoldo registrou na *Revista Internacional de Espiritismo* em que iniciou (porém infelizmente não pôde concluir porque a morte o levou antes, embora a irmã Leopoldina ainda deixasse algumas anotações nessa mesma publicação, criada por Cairbar Schutel em Matão (SP) a série intitulada *Memórias de um Espírita Baiano*, isso porque na mesma Revista o Professor Arnaldo S. Thiago, pai do Médico e Professor de Química Lauro de Oliveira S. Thiago, começara a anotar suas memórias de menino na cidade de São Francisco do Sul, em Santa Catarina); então, como estava a relatar, um fato ocorrido em sua infância criada na Igreja Católica dá prova de sua argúcia desde gurizinho.

Foi na festa de crisma. O padre, vendo aquele bando de crianças vestidinhas de branco, comportadas, disse que, se não fosse sacrilégio, pediria a Deus que aqueles anjinhos morressem e nascessem lá no Céu, embora isso trouxesse dor para as mães... Pois muito bem, terminada aquela prática religiosa, passa perto da igreja uma boiada pacífica. Como toda criança arteira, sadia, levada mesmo, Leopoldo começa a atirar pedras contra o gado. Vendo isso, o sacerdote admoesta:

— Mas meu filho, você estava tão lindo, tão puro, tão inocente ainda agora mesmo e não é que está cometendo um pecado atirando pedras contra uma pobre vaca?

Vem a resposta de pronto:
— Padre, não se preocupe, não. No sábado que vem eu me confesso e aí sou perdoado e voltarei a ter pureza de anjo para entrar no Céu.

Mal sabia aquele clérigo que, no futuro, aquela criança seria um adulto destemido que defenderia tanto oralmente como por escrito o Espiritismo atacado pelos padres. Para fazer face às dificuldades da pobreza, começou a trabalhar, embora de pequena altura, numa fábrica de charutos, mas de lá se afastou, que o ambiente era muito desagradável ao seu ouvido, porque ali eram proferidos o tempo todo muitos palavrões. Note-se sua retidão de caráter — uma de suas mais marcantes características — surgindo ainda meninote. E vai trabalhar até como garçom de um restaurante e de aprendiz de sapateiro também.

Em 1910, tendo ele já 19 anos de idade, seu pai volta ao lar, do qual se ausentara por razões políticas. Se ficasse no seu reduto doméstico, seria morto por pistoleiros a mando de inimigos ao seu modo de pensar. Nasce uma menina a quem o pai não quer aceitar, dizendo que queria mais um menino, e nunca uma mulher. Anos mais tarde, esta mesma mana (Leopoldina) haveria de dizer ao Celso Martins, que a conheceu em março de 1960 dela se fazendo amigo até sua morte em 2000, embora ele (o Celso) se afastasse de Nova Iguaçu em começos de 1972:

— Leopoldo não me foi irmão. Foi-me um pai porque disse assim ao nosso genitor: "Pai, se o Senhor não quiser, deixe que eu educo a maninha. O Senhor andou foragido um bom tempo e nem por isso morremos de fome. Deixe comigo a criação de minha irmã". E cumpriu a sua promessa: dona Leopoldina dele herdou o dinamismo, a franqueza, a sinceridade, conforme o Celso Martins inúmeras vezes pôde de perto comprovar. Sem que ninguém soubesse, deu auxílio a muitas anciãs viúvas carentes. Eu vi.

Rapazola em Salvador

Por volta de 1915, ei-lo em Salvador e, tendo-se aproximado de José Petitinga, não só aprende a escrever versos como também a conhecer o Espiritismo. Aliás, ele não dizia ou escrevia a palavra "espírita". Dava preferência à palavra "espiritista". Leu muitos e muitos livros e era alegre, dando, quando fosse o caso, estrepitosas gargalhadas. E assim permaneceu depois de desencarnado, ao que parece porque, em carta enviada a Celso Martins, Divaldo Franco diz a este professor carioca que o Espírito Leopoldo lhe apareceu certa vez em Salvador. Àquele médium a entidade respondeu quando indagada se inspirava o Celso em seus escritos: "Às vezes, às vezes". E caiu na gargalhada de alegria cristã. Se bem que, em página mediúnica estampada em um número de *Reformador*, creio que nos anos 80, ele vem dizer que, de tudo quanto fez em livros, em jornais, no teatro, na tribuna, em viagens, o que mais lhe deu maiores créditos espirituais foi exatamente as horas que viveu rodeado das meninas por ele amparadas no Lar de Jesus, o que é assunto sério, merecendo nossa atenção. Li, outra vez, que também Deolindo, depois de desencarnado, nutria certa mágoa de não se ter voltado mais para a assistência social. Entende-se perfeitamente tudo isso! Mas, como dissera o Victorino Eloy dos Santos ao telefone ao Celso Martins, faz-se o que pode. O Espiritismo nos ensina que a Lei Divina nos avalia segundo nossas intenções.

Surge Marília Barbosa

Namorava Leopoldo uma jovem, creio que nascida também na cidade do Rio de Janeiro, quando na sala entra uma de suas irmãs. O moço diz para a namorada quando a outra estava noutro cômodo:
— Afinal, quem é esta "bestinha?"
— É a minha irmã Marília.

Arrematando a história, em 1927 ele estava casado com a "bestinha" e a ela dedicou este expressivo soneto:

> *"Não é rica, nem bela; é boa, e basta...*
> *Para quem, como eu, andou na Vida,*
> *Tendo de cada amor uma ferida,*
> *Uma desilusão que a alma nos gasta...*
>
> *Ela foi como a Terra Prometida,*
> *Que sorriu a Moisés feraz e vasta*
> *Depois de uma existência atra e nefasta,*
> *Quando já me sangrava a alma descrida...*

Não me inspirou paixão, nem me pôs louco,
Nem lhe tive esse amor que nos consome,
Que, por demais ardente, dura pouco...

Foi, porém, sendo a última, a primeira
Que mereceu, na Vida, usar meu nome,
Como fiel e boa companheira..."

No bairro do Méier há vários centros espíritas atualmente. Dentre os mais antigos está a Instituição Legionárias de Maria, fundado por Sarah Moraes e outros confrades e confreiras. Por sua direção passaram muitos companheiros e companheiras como Elvira Touche, José de Carvalho Lucena e sua esposa Maria de Lourdes, comerciante português que deu todas as suas lojas comercias à Instituição, Mário Rodrigues (professor de inglês, da Cultura Inglesa) e esposa Florinda. Essa instituição manteve durante anos seguidos a publicação duas vezes por ano a revista *Vozes do Coração*, por época do Natal e do Dia das Mães, de distribuição gratuita até para o Exterior. Pois bem, certa ocasião por estar doente e o tempo não estivesse bom, Leopoldo Machado nem no carro de seu amigo Lindolfo, um dos fundadores do Centro Espírita Amor e Justiça, erguido no bucólico bairro de Engenho Pequeno, quase na Estação (Ferroviária) de Andrade Araújo pôde deslocar-se para fazer a palestra costumeira na data de aniversário daquela casa espírita. No seu lugar segue a Marília que, de volta ao lar, altas horas da noite, do marido acamado recebe uma porção de lindos sonetos sendo que em cada um analisa a irmã, a filha, a esposa, a mãe, a professora e assim por diante.

Com efeito, na poesia ele também foi gigante, pois, entre outras façanhas literárias, conseguiu escrever um lindo poema sobre as dez palavras mais lindas do nosso idioma como Deus, Paz, Luz, Fé, Mãe, etc.

Leopoldo no Rio de Janeiro

Em 1917, ano quando morre Zamenhof, Leopoldo vem para o Rio de Janeiro no firme propósito de fixar residência na Capital da República. Não fica, voltando a Salvador. Mais tarde, por volta de 1927 mais ou menos, diz aos amigos que viria ao Rio apenas por alguns meses e regressaria à Bahia. Pois sim! Veio e ficou! Ficou para sempre! Até morrer em 1957!

Em Nova Iguaçu

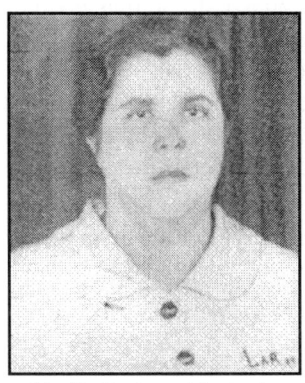

Marília Barbosa Machado

Já espírita, veio trabalhar no Colégio Nacional, de propriedade de seu amigo Almirante Paim Pamplona. Este militar, gostando do desempenho do referido mestre-escola, que mal fizera "os oito meses", sim, "os oito meses mesmo", de uma escola no interior da Bahia, lá em Cepa Forte onde nascera a 30 de setembro de 1891 — mandou-o para Paraíba do Sul no interior do Estado do Rio de Janeiro, lá se casando com Marília Ferraz de Almeida. Deixando a filial do colégio do Paim Pamplona, Leopoldo volta ao Méier e aí (1929) dá aulas para os alunos do Senhor Alberto Mello, na época Prefeito Municipal de Nova Iguassú. Devo esclarecer que só em 1942 esta palavra passou a ser grafada com "ce-cedilhado" e não com dois "esses".

Por insistência deste político, Leopoldo se desloca para Nova Iguaçu, na época apenas laranjais e brejos, brejos e laranjais, servido pelas locomotivas movidas a carvão da Estrada de Ferro Central do Brasil, ramal de Japeri. Quer dizer, na altura da estação de Deodoro, a ferrovia se abria em "v", um caminho em direção a Sta. Cruz, conforme visto no trecho onde se falou de Imbassahy e dona Maria se casando em dezembro de 1930; e o outro caminho em direção a Japeri, ramal que iria, na verdade, até São Paulo (capital). Os trens elétricos só entrariam em circulação por volta de 1938; e hoje (ano de 2002) toda a Estrada de Ferro Central do Brasil pertence à Argentina, melhor dizendo, a umas empresas particulares da Argentina, após sua privatização pelo Governador do Estado Marcello Alencar com o nome de Supervia.

Uma vez em Nova Iguaçu, Leopoldo conhece o jornalista Silvino de Azeredo que, procedente de Pati do Alferes, em 22 de março de 1917 funda o semanário *Correio da Lavoura* no qual publica seu primeiro artigo ainda neste mês de sua chegada à antiga Maxambomba sobre a jogatina. E ali haveria de escrever seu último comentário terminando com o poema *À Bahia, de novo*, relatando sua viagem até terra natal em 1957.

Acompanhado do Dr. Humberto Gentil Baroni, que o assistia sempre, bem como de familiares deste médico, Leopoldo Machado em meados de 1957 seguiu até Salvador. Em agosto do mesmo ano, veio a falecer, abrindo uma enorme lacuna no movimento espírita. Representando o Ginásio Iguassuano, no qual fazia a 4ª série do curso ginasial, fui ao sepultamento concorridíssimo do seu corpo. Pois bem, antes de regressar ao Grande Além, Leopoldo Machado escreveu este poema, a dizer, seu último trabalho de poeta à face da Terra.

À Bahia, de novo

Fui, de novo, à Bahia. Fui, de novo,
Rever aquela terra, aquela gente,
O velho casario, o sol poente,
Aquele imenso ladeirame, o povo...

Voltei ao "ninho antigo". Mas doente,
Dirigindo uma alegre Caravana,
Dessa que dignifica a espécie humana,
Amiga, generosa, inteligente.

Fui, na terra baiana,
Feliz, por ver os outros companheiros,
Alegres, mais felizes, prazenteiros,
Palpitando por mais de uma semana...

E vivemos ali dias inteiros,
Uma felicidade grande e rara,
Como hóspedes da Casa da Tia Sara,
Todos, com o Tio Juca, hospitaleiros!

E toda a Caravana se tomara
De mais ânsia, mais febre, mais amor,
Pela cidade ímpar — Salvador,
Que é do Brasil a pérola mais cara!

O Tio Juca aí mencionado era o cearense José Gouvêa que, tendo perdido o filho querido, tranca-se num cômodo e com um revólver pensava em dar cabo da vida. Eis que o Espírito do menino

José Soares Gouvêa
(Tio Juca)

lhe aparece pedindo que encha aquela casa de alegria adotando crianças pobres. E o quase suicida, ao lado da esposa, Tia Sara, passa a ser o pai de muitas criancinhas desvalidas de Salvador, numa época em que Divaldo Franco estava a iniciar enorme trabalho de assistência social da Mansão do Caminho, dando amor a muitas crianças de Salvador.

Podemos dividir, apenas para melhor compreensão do leitor, em tópicos diferentes a atuação de Leopoldo em terras iguaçuanas mais ou menos assim:

1 — No magistério — Com o apoio da esposa (Professora Marília Barbosa), da irmã (Leopoldina) e da mãezinha (Anna Izabél, que por ser de pouquíssimas letras com humildade se prontificou a, pelo menos, cuidar da limpeza), eis que em março de 1930 constrói o prédio de nº 1074 da Rua Marechal Floriano Peixoto e passa a residir numa casa construída em 1912 em o nº 1094 da mesma rua, surgindo assim o Colégio Leopoldo (assim chamado em homenagem ao Rei da Bélgica), o primeiro estabelecimento regular particular, reconhecido pelo Governo Federal, na antiga Vila de Iguaçu, Duque de Caxias, São João de Meriti, Nilópolis, Queimados, Japeri, Belford Roxo e Mesquita.

Mais tarde, seus alunos: Leonardo Cariello de Almeida e esposa dona Elsa, haveriam de fundar o atual Colégio Iguaçuano e o advogado carioca Ruy Afrânio Peixoto haveria de criar um Colégio que levou o seu nome, Colégio Afrânio Peixoto, lamentavelmente desativado em 2002 diante da crise financeira que assola o país e mesmo a Humanidade, sobretudo após o cruel processo capitalista de nome Globalização ou Neoliberalismo, principalmente após o atentado de 11 de setembro de 2001 quando aviões comerciais, cheios de passageiros, ao que se diz sob a orientação direta do muçulmano Osama Bin Laden, escondido no Afeganistão, foram arremetidos à luz do dia (e vista a tragédia pelo mundo inteiro graças à televisão via satélite ao vivo) contra as duas Torres Gêmeas do Centro Comercial do Mundo, na cidade de Nova York, e também sobre dependências do Pentágono, o Centro da Defesa dos Estados Unidos, na capital Washington, no Distrito de Colúmbia.

Lar de Jesus

Independentemente de ser dono de um colégio particular, Leopoldo Machado instala em 1938, no prédio do Centro Espírita Fé, Esperança e Caridade, na Rua Bernardino de Mello, 1579, a Escola de Alfabetização João Batista, para crianças carentes. Vale lembrar que nos anos 60 o Prefeito Municipal Sebastião Arruda de Negreiros, que foi prefeito de Nova Iguaçu nos anos 20, depois nos anos 30 e por fim nos anos 60, quis encampar a sede do Fé e Esperança só porque a Prefeitura mandava uma professora primária para cuidar dessas crianças. Imediatamente a diretoria do Centro Espírita dispensou a funcionária municipal e arcou com as despesas pagando um salário à jovem Vera Lúcia, aluna do Colégio Leopoldo e filha do casal Artur e Maria (tinham eles ainda um filho Arturzinho), que residia nos fundos do referido Centro, cuidando ainda do Albergue Noturno Allan Kardec. Em 1933, procedente de Cachoeira Paulista, onde nascera em 1915, chega a Nova Iguaçu o Newton Gonçalves de Barros, com uma carta de apresentação de Manoel Quintão. O filho do líder Alberto Gonçalves de Barros, rapaz este aluno lá no Vale do Paraíba do Sul em terras paulistas, foi aluno do Sebastião

Arruda de Negreiros mencionado linhas acima, colega de turma do político Jânio da Silva Quadros e do locutor esportivo famoso Oduvaldo Cozzi, num colégio de salesianos. Professor Newton casa-se com Leopoldina e nasceram os filhos Ney Alberto, Maria de Nazareth, Newton Leopoldo e Paulo de Tarso, este último em 1950, ano em que chega à escola a Professora de Matemática e de Psicologia Áurea Gonçalves, espírita residente em Quintino...

Rapidamente diria que pelo Colégio Leopoldo passaram várias gerações de alunos e muitos professores que também atuaram no meio espírita como o José Jorge, o Amadeu Santos, o Celso Martins, o Pedro Franco Barbosa, dentre outros, sendo que coube ao Newton de Barros a iniciativa de ali introduzir o vôlei e o basquete, promovendo concorridíssimas olimpíadas.

Pedro Franco Barbosa

2 — No "Fé, Esperança e Caridade" — Fique claro desde já que Leopoldo NÃO foi um dos fundadores do "Fé e Esperança", não. Sua fundação remonta a 18 de julho de 1920. Todavia, ele foi o presidente que projetou a entidade no Brasil e mesmo no mundo. Ali instalou a Escola João Batista, como já vimos, e também, agora em 1938 o Albergue Noturno "Allan Kardec", totalmente remodelado nos anos 60 graças ao trabalho de muita gente, liderada pelo casal minha ex-professora Maria Luíza Babo (mais tarde de Mendonça) e José Affonso de Mendonça Netto.

No "Fé e Esperança" Leopoldo Machado instalou a segunda Mocidade Espírita de todo o Brasil, em 1936, reativada em 1942. Aliás, a primeira surgiu em um bairro de nome Engenho de Dentro, no Centro Espírita "Amaral Ornelas", sediado à Rua Dr. Leal; e a terceira, como informa Ramiro Gama, no livro (póstumo) *Serviços do Senhor*, edição do Instituto Maria, de Juiz de Fora (MG), apareceu em Três Rios, Estado do Rio de Janeiro, onde, aliás, vamos encontrar confrades como o próprio Ramiro Gama, a Mãe Ritinha, o seu filho José Ferreira de Cerqueira, dentre os mais citados.

Ramiro Gama

Rita Cerqueira

3 — Nas Semanas Espíritas — Hoje se fala em Congresso Mundial de Espiritismo. Pois eu venho de um tempo em que havia as Semanas Espíritas. Em monografia elaborada pelo José Cerqueira mencionado ainda há pouco, a 1ª Semana Espírita do Brasil se deu em Três Rios, entre 24 e 30 de junho de 1939, na sede do Grupo Espírita "Fé e Esperança", quando aquela cidade era chamada de Entre Rios, ponto de referência de um importante entroncamento ferroviário da antiga Central do Brasil, dela fazendo parte oradores famosos como Manoel Quintão, Henrique Andrade, João Carlos Moreira Guimarães, Carlos Imbassahy, Armínio de Carvalho, Humberto Alexandrino de Aquino e o então presidente da FEB — Guillon Ribeiro, sendo que na presidência do Grupo Espírita Fé e Esperança estava na época o citado professor, poeta e jornalista Ramiro Gama, o festejado autor da série *Lindos Casos de Francisco Cândido Xavier, Lindos Casos de Bezerra de Menezes, Lindos Casos do Evangelho*, além de obras admiráveis como *Seareiros da Primeira Hora, Irmãos do Bom Combate, Os Mortos Estão de Pé, Lindos Casos da*

João Carlos Moreira Guimarães

Chico Xavier, Leopoldo Machado, fazendo a Prece de Abertura; Joaquim Melo e Carlos C. Cavaleano

Mediunidade Gloriosa, *Faze isso e Viverás*, além ainda de peças teatrais de parceria com Emiliano Mendonça, protestante do Espírito Santo, convertido à Doutrina.

Além de Três Rios, outras cidades se celebrizaram por estas Semanas como Macaé, à beira do Oceano Atlântico, onde estavam o Professor Pierre, o médium Peixotinho, a declamadora Sônia Campos, o Prefeito Municipal Benjamin, o acordeão da Yolanda, o velhinho Idibaldo. Como ainda Astolfo Dutra, na Zona da Mata de Minas Gerais, com a presença do professor Amadeu Santos, do Astolfo Oledegário de Oliveira, o Antenor Miranda, que se deslocava de Cruzeiro, São Paulo, para prestigiar os companheiros. Não faltavam os declamadores como Laís Baptista, como Antônio Ribeiro Filho ou apenas Ribeirinho, a declamar poemas de Leopoldo, de Judas Isgorogota (nome artístico de Agnelo Rodrigues de Melo, nascido em Alagoas em 1901 e então residente em São Paulo, capital), do General protestante Mário Barreto França com lindíssimos poemas acerca de passagens da vida de Jesus, de poetisas do estro de Maria Sabina (de Albuquerque) e de Margarida Lopes de Almeida, de Guilherme de Figueiredo, de Atlas de Castro. Também devem ser citados os jovens Letício Luiz da Silva, Paulo de Tarso Machado de Barros, o poeta José Brasil. Cantavam-se canções de Cabete, além do famoso Hino-Canção *Alegria Cristã*, com letra do Prof. Leopoldo e música do Oficial da Aeronáutica Oly de Castro, nascido no Maranhão porém durante anos radicado principalmente em Belém do Pará, à frente do Lar de Maria, de amparo à infância desvalida. Citaria ainda os poemas da poetisa espírita Seleneh de Medeiros.

Francisco Lins Peixoto

4 — No teatro — Leopoldo Machado escreveu inúmeras peças de teatro, numa época em que Nova Iguaçu tinha artistas como Elizabeth Perroni, Rômulo Cavalcanti, Wandeck Pereira, muitas vezes dirigidos pela senhora Castorina Fernandes Campos, apelidada carinhosamente por dona Zezé, que, com o esposo Mário Bethel Campos, tivera 6 filhos rapazes e 6 filhas moças e, para cada filho do casal, adotaram e criaram com igual amor mais 6 meninos e 6 meninas. Nova Iguaçu nessa ocasião dispunha de três grupos de arte teatral, a saber: Teatro Espírita Leopoldo Machado (TELMA) que encenava peças no palco do Centro Espírita Fé, Esperança e Caridade para mais de 300 pessoas com a renda revertida para a reforma do Albergue Noturno "Allan Kardec", em favor do qual também a Mocidade Espírita de Iguaçu, ligada ao Fé, Esperança e Caridade, no começo dos anos 60, realizava nas ruas ou no pátio do Colégio Leopoldo festas juninas muito concorridas. Mais ainda: na sede da Arcádia Iguaçuana de Letras, mais abaixo referida, estava por exemplo o grupo do Teatro dos Estudantes de Iguaçu (TEI) no qual, entre outros, estava o Wandeck Cunegundes Pereira, hoje morando em São Luís do

Maranhão; e por fim, no Cine-Sol, ora desativado, o Teatro Experimental Itália Fausta (TEIF) onde eram levadas à cena peças do professor Ruy Afrânio Peixoto e do advogado Althayr Pimenta de Moraes.

5 — Na Arcádia Iguaçuana de Letras — Embora fosse de várias entidades culturais, Leopoldo deixou-se enamorar pela Arcádia Iguaçuana de Letras. Com efeito, era Grêmio Intelectual Carioca, na opinião do poeta e pesquisador espírita Clóvis Ramos, nascido em 1922 em Manaus (Amazonas) mas que tem um amor enorme ao Maranhão, era este Grêmio Intelectual Carioca o gérmen da Academia Carioca de Letras; era também do Grêmio Lítero-Científico Rio Branco, no Rio de Janeiro, ainda mais da Associação de Ciências e Letras de Petrópolis (cadeira do poeta Luís Pistarini), da Academia Juiz-Forense de Letras e da Sociedade de Homens de Letras do Brasil — na verdade deu-se por inteiro à Arcádia Iguaçuana de Letras. Com a presença do Imortal Pedro Calmon, este cenáculo instalou-se em a noite de 15 de novembro de 1956, na sede do Fórum Itabaiana, ao lado da antiga oficina do *Correio da Lavoura*. Doente, é levado sentado numa cadeira e ali ouve excertos de seu livro *Caxias, Iminente Iguassuano*, escrito em grande homenagem ao Patrono do Exército, no reduto da Casa de Luciá, no Méier, sob a direção de Rosa Leomil, leitura feita pelo cunhado (marido de dona Maria de Lourdes, irmã mais moça de Marília Barbosa), o advogado e contabilista do Banco do Brasil S/A Waldemiro de Almeida Pereira, um dos diretores do Lar de Jesus e do Centro Espírita Fé, Esperança e Caridade.

Clóvis Ramos

Morto Leopoldo, a cadeira nº 1 foi ocupada por Sonilton Fernandes Campos, professor de Português do Ginásio Municipal Monteiro Lobato, mais tarde assessor da Câmara dos Deputados em Brasília. Nesse sodalício tomaram assento ainda Newton Gonçalves de Barros, Althayr Pimenta de Moraes, o contabilista Cial Brito (que exerceu poderosa influência na vida de Celso Martins, que lhe foi aluno de Português entre 1954 e 1957 no Ginásio Iguaçuano, sendo o Cial aluno de Leopoldo na Escola Técnica de Contabilidade do Colégio Leopoldo), o poeta amazonense Francisco Brandão, o já mencionado Waldemiro de Almeida Pereira, José Jambo da Costa, o jornalista Luiz Martins de Azeredo, filho caçula do Silvino de Azeredo, fundador do *Correio da Lavoura*. Devo abrir um parêntese e informar que nesta família dos Azeredos então havia o Avelino, irmão do Luiz, casado com a dona Zezé (Maria Josephina Belém), e esta era filha do Vovô Belém, um dos elementos de destaque na direção do Fé e Esperança, ao lado do Victorino Eloy dos Santos, da Laura Babo, mãe de Maria Luíza Babo de Mendonça e sua irmã Zazá, bem como seu irmão Dilermando, todos parentes do Oswaldo Sargentelli e do compositor carnavalesco Lamartine Babo, e outros mais confrades...

A alegria de Leopoldo Machado (de terno cinza) que contagiava a todos

6 — Na polêmica com os padres — Nova Iguaçu, antes de ser sede de um bispado, conheceu a figura do Padre alemão João Müsch. Esse sacerdote pediu a Leopoldo Machado permissão para dar catecismo em seu Ginásio Leopoldo Ltda. O líder espírita disse que consentiria se o clérigo lhe abrisse espaço para pregar a Moral de Cristo na Igreja de Santo Antônio, aliás o Padroeiro da cidade. Como o padre João não aceitasse a contraproposta, este sacerdote nunca deu aula de catecismo aos alunos do Colégio Leopoldo. Aliás, para fazer frente ao Ginásio do espírita de renome nacional, Pe. João (que teria sua vida narrada em livro pelo jornalista Luiz Martins de Azeredo) criou em 1936 o Colégio Santo Antônio, para logo conhecido como o Colégio das Irmãs, exatamente num terreno atrás da igreja, área esta no Império utilizada para cemitério dos religiosos.

Uma vez Leopoldo vinha do bairro do Caonze, onde Marília fundara o Lar de Jesus. Um outro padre, não sei se o reconhece, solicita-lhe um apoio em dinheiro para instalar ali uma igreja. De imediato, ele dá algumas moedas e cédulas. Todavia, assim que o padre se afasta, alguns amigos que estavam com Leopoldo censuram-no dizendo que aquele religioso iria atacar os espíritas assim que erguesse a igreja. Ao que replica o professor:

— Caso me peçam auxílio para fazer um cassino, um botequim no bairro, de modo nenhum ajudarei. Mas em se tratando de uma casa religiosa, estarei sempre pronto a apoiar. Será progresso para a localidade. E se ele nos atacar, eu serei o primeiro a defender o Espiritismo.

E, de fato, Leopoldo defendeu a Doutrina em Nova Iguaçu, por exemplo, contra ataques do Padre Jacob Huddleston Slater com o livro *Julga, Leitor, por ti Mesmo* (obra lançada em 1937) e com o livro *Sensacional Polêmica*, dado à luz no ano seguinte, de certa forma em prosseguimento à obra anterior.

7 — No Lar de Jesus — Sua esposa Marília, ao lado de outras companheiras, em 1942, instalou na colina do bairro do Caonze (K-11) o Lar de Jesus, para amparar meninas desassistidas, sendo o ponto de partida para a criação de

inúmeras outras entidades do gênero em todo o Brasil como o Lar de Maria, de Macaé, a Casa de Lázaro com a Ruth Corral Sant'Anna, no bairro do Méier, o Lar Infantil Marília Barbosa, em Cambé, Paraná, com o Hugo Gonçalves e esposa dona Dulce, o Lar de Maria, já mencionado antes, em Belém do Pará, com o Oly de Castro, etc.

Ruth Corral Sant'Anna

8 — Na polêmica com os médicos — Os Drs. Carlos Fernandes e Xavier de Oliveira, psiquiatras, andaram combatendo os espíritas, inclusive tentando silenciar o programa radiofônico *Hora Espírita Radiofônica*, transmitido pela Rádio Clube do Brasil. Contra isso se levanta Leopoldo com o livro *Pigmeus contra Gigantes*, com o selo das Oficinas do *Reformador*, órgão oficial da Federação Espírita Brasileira, em 1940.

9 — Na Campanha do Quilo — Modernamente em todo o Brasil é realizada a Campanha da Fraternidade Auta de Souza. Pois muito bem, ao que tudo indica esse movimento teve começo em Bangu (bairro do ramal de Santa Cruz). Principalmente jovens (e também muitos velhos já alquebrados) no domingo de manhã iam de porta em porta pedindo um saco de qualquer alimento não perecível para a Casa de Lázaro, para o Lar de Jesus, instituições antes referidas. Também para o Abrigo Nazareno, no distante bairro da Zona Oeste da Cidade do Rio de Janeiro. Vale a pena ser citado neste espaço um fato de relevante significação espiritual: Determinado caravaneiro, bate à porta de um arrogante senhor. Este ordena que o pedinte coloque as mãos em posição de quem pede alguma coisa. O ilustre senhor ironicamente escarra nas mãos do espírita. Este, com

serena humildade, pega do lenço, limpa as conchas das mãos daquela cusparada e diz com sinceridade:

— Isto o senhor deu para mim. Agora eu lhe rogo em favor das crianças pobres.

Na semana seguinte, aquele homem atrevido estava lá, com uma sacola no ombro fazendo a campanha do quilo.

Casos Pitorescos na Vida de Leopoldo

Vários golpes ferem a alma de Leopoldo. Vou citar alguns: Assim que lançou em 1920 o seu livro de poesias *Idéias*, que contou com o elogio de Amaral Ornelas, de Carlos Imbassahy, de Sílvio Bocanera Júnior, de Carlos Chiacchio, de Artur de Sales, o poeta mandou um exemplar de presente, autografado, para um ilustre crítico literário, que devolveu a obra com este recado: "Quando o senhor tiver IDÉIAS — mande-me que até agora eu não vi nada de bom aqui".

Amaral Ornellas

Em 1947 perde a mãezinha. Pois bem, certo dia, ao banhar-se, ele percebe um caroço do mamilo. Pergunta ao médico se não seria câncer. Não era. Marília faz também o auto-exame e encontra também um nódulo. Era câncer e vem a falecer em 1949. Compreensivelmente fica muito triste. E aí se dá este caso engraçado: Todos os visitantes que vêm vê-lo, morando em casa da irmã, nos fundos do Colégio, perguntam a seu sobrinho Newton Leopoldo, na intimidade conhecido por Léo, mais tarde advogado, poliglota, exímio no basquete, no vôlei, no piano e no balé:

— O que você quer ser quando for homem? (como se o menino que teve aulas particulares gratuitas de Matemática do Celso Martins que em troca pedia dele tocasse *Num Mercado Persa*, de Ketelbey e o Léo ao final do ano letivo de 1965 vai com a mãe dona Leopoldina ao C.E. Fé, Esperança e Caridade e dá ao professor um álbum de fotografias, não fosse do sexo masculino!...)

Responde a criança de tanto ouvir falar em viuvez:

— Ah! Quando eu crescer quero ser viúvo!

Ao que replica o tio com um sorriso tristonho e a voz embargada:
— Querido, queira ser outra coisa que este negócio de ser viúvo é muito triste.
Aliás, na vida do Léo há dois lances curiosos. Ei-los: Uma cartomante diz que ele ficaria viúvo duas vezes. Conclusão: as moças, sabendo disso, queriam ser a sua TERCEIRA namorada. Ao que me consta, ele não contraiu matrimônio para sossego da primeira e da segunda futuras consortes...

Leopoldo Machado, Ary Lex, Antonio Soares de Carvalho, Hermínio da Silva Vicente, Deputado Campos Vergal e não-identificado. Tribuna da Federação Espírita de São Paulo

Por ocasião de seu nascimento, vieram gêmeos. De repente, um deles desencarna sem apresentar motivo para tal morte inesperada. No Centro, Leopoldo é informado por um espírito que lhe diz: "Eu e o Léo na verdade somos amigos do peito há muitos e muitos anos. Na verdade, eu não precisaria reencarnar agora, não. Mas ele queria relutar não aceitando uma nova vida na carne, que lhe é necessária no momento. Prometi nascer com ele e então, animado com o meu convite, nasceu e, quando não podia mesmo sair do corpo, eu voltei e ele ficou."

Leopoldo era muito sincero. Não trazia ninguém enganado. Por exemplo, em dada ocasião estava sentado numa mesa de desobsessão e o presidente dos trabalhos, vendo que ele se mexia muito, diz estar vendo um espírito ao seu lado querendo dar comunicação. Leopoldo continua a mexer-se e nada de dar passividade. O presidente da sessão insiste querendo que Leopoldo deixe o espírito falar; e insiste tanto, tanto, tanto que ele então exclama:

— Meu irmão, não se trata de espírito, não! É uma pulga me mordendo na perna!...

Tal fato é mais ou menos semelhante ao que passou o Jayme Lobato, do Grupo Espírita Redenção. Estava ele iniciando-se na prática mediúnica, quando em dado centro espírita o presidente do trabalho insistentemente quer que ele diga o que está sentindo. E ele calado porque, na verdade, nada de anormal estava a sentir. Mas diante da insistência do outro responde:

— Veja: o que estou sentindo é um forte cheiro de bife.

Antes que o presidente explique o fenômeno, um companheiro ao lado na outra cadeira sentado também à mesa informa:

— É que no andar aí embaixo está funcionando agora, esta noite, um restaurante.

Mas voltemos ao Leopoldo e seus "causos".

Determinado jovem espírita, tendo brigado com a noiva, vai procurá-lo desolado dizendo que irá matar-se. Leopoldo o admoesta amorosamente dizendo que o rapaz já deveria saber que a morte pelo suicídio não resolve problema algum. Pelo contrário, agrava tudo. Mas o adolescente teimosamente não muda o disco da eletrola. Por mais que o amigo das Mocidades Espíritas o oriente, mais o gajo alega que dará fim da vida. Aí Leopoldo declara:

— Bem, se você quer mesmo se matar, veja que daqui a poucos minutos deverá passar aí na estrada de ferro o Expresso Rio – São Paulo. Assim que o comboio passar em alta velocidade, você se atira à frente dele. Será morte certa, rápida, não tem como errar. Só lhe peço uma coisa: faça isto bem longe do Colégio porque a polícia costuma demorar para remover o cadáver. Será aquele transtorno, o seu corpo ali fedendo atrapalhando as aulas.

Arrematando a história: o moço está vivo até hoje!

Doutra feita foi numa Semana Espírita de uma cidade do interior. Terminada a palestra, há uma parte artística muitíssimo medíocre com uma peça de péssimo gosto. A presidente do Centro pede sua opinião. Ele diz que prefere manter-se calado. Mas a dona insiste em saber-lhe a opinião. E ele diz querer ficar calado. Porque a dirigente não desistisse de ouvir seu comentário, ele exclama:

— Com que então deixo o meu Colégio com outros amigos dirigindo. Pego um trem e me mando para tão longe. Escrevo tantas peças educativas e a senhora me leva ao palco de um Centro Espírita um COISA desta? Sinceramente, na Praça Tiradentes, num teatro de revistas, a gente assiste a peças muito melhores!

Contam que certa ocasião, assim que entraria no ar para um programa radiofônico, um pastor protestante, que acaba de fazer sua prédica evangélica ao microfone, com ele cruzando nos corredores dos estúdios, exclama:

— Ah! Sim, é o senhor o Professor Leopoldo, pois não? Veja: se o senhor fizer a minha mãe morta há anos vir agora aqui conversar comigo, eu me converto imediatamente para o seu Espiritismo.

E ouve esta resposta fulminante:

— Meu amigo, está quase na hora de eu ir ao ar. Serei breve: Veja que há várias razões para que um espírito desencarnado venha a palestrar com os encarnados. Primeiro é preciso saber se ele está ou não em condições de fazê-lo. Há de levar em conta a existência de um médium com o qual ele se afine. Mais ainda: resta saber se ele quer esta comunicação. Bem, eu respeito muito a sua mãezinha, já no Grande Além. Quanto a esta história de sua conversão, saiba que o Espiritismo nada vai ganhar ou perder com a sua adesão. Passe bem.

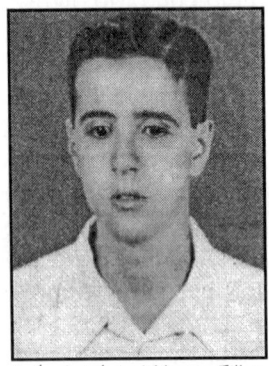

Acerca deste fato, o confrade Luís Antônio Milecco Filho, que é um denodado companheiro que, sendo cego de nascença, desenvolve um vasto serviço não só como musicoterapeuta e excelente orador, dotado de profunda cultura geral e doutrinária, mas é um braço forte na SPLEB, ou seja, da Sociedade Pró-Livro Espírita em Braille; tem o Milecco outra versão no sentido de que, após um programa de rádio, Leopoldo teria recebido um telefonema de um médico materialista fazendo a mesma proposta: se sua mãe morta viesse a conversar com ele, deixaria de ser ateu. Sem pestanejar, o "mosqueteiro" da Bahia calmamente informa:

Luís Antônio Milecco Filho

— Até que eu poderia esperar o senhor vir de sua casa até à rádio. Mas repare no seguinte: Sua mãezinha está numa linda estrela tão longe, mas tão longe que não sei se chegará a ela o seu pedido. Não sei também se ela quer falar-lhe. E com relação à sua conversão, isso não fará nenhuma diferença ao Espiritismo.

Aliás, foram essas provocações que levaram Geraldo de Aquino a lutar tenazmente para que os espíritas tivessem uma emissora? Passava ele pelo corredor de um estúdio para fazer seu programa pago numa emissora carioca e ouve de um protestante, num muxoxo:
— É uma pena que o senhor não seja cristão.

Já se vê que este pastor não conhece a questão de n º 625 de *O Livro dos Espíritos* na qual Jesus é colocado como nosso modelo e guia.

Prédio da torre da Rádio Rio de Janeiro

E, com efeito, em 1971 a família espírita do Rio de Janeiro conseguiu comprar a Emissora da Fraternidade, a Rádio Rio de Janeiro, operando na freqüência de 1400 Quilohertz AM e com potência de 50 Quilowatts, com os estúdios na Ilha do Governador (Estrada do Dendê) e a torre na Praia do Ipiranga, em Magé, no fundo do litoral distante da Baía de Guanabara.

Depois da Morte de Leopoldo

Em a noite de 25 de agosto de 1957, assistido pela irmã Leopoldina e pelo médico Humberto Gentil Barroni, pouco depois das 22h, eis que o gigante deixa o corpo e volta ao Mundo Maior. Seu sepultamento foi concorridíssimo, com o comércio fechando suas portas. Em direção ao Cemitério de Nova Iguaçu, na Praça Silvino de Azeredo, vai enorme multidão, de modo que o padre João Müsch faz bater o sino em dobre melancólico, embora o cortejo não estivesse em clima de tristeza. Representando o Ginásio Iguaçuano, que em 1957 haveria de formar a sua primeira turma de ginasianos no Cine-Iguaçu, compareci a este evento que à noite foi anunciado pela *Hora do Brasil*, creio que graças ao jornalista Manoel Fernandes que, na época, estava ligado à Agência Meridional de Notícias.

O Colégio ficou sob a direção de dona Áurea Gonçalves, a orientação educacional de seu cunhado Newton Gonçalves de Barros e a supervisão à tarde da irmã Leopoldina com a professora Therezinha Beraldo, tanto como a noite a supervisão do Atlas de Castro com a professora (e contadora) Anna Silva.

Atlas também permaneceria à frente do Lar de Jesus e no Fé, Esperança e Caridade estavam seus companheiros de sempre como o José Antônio Marques, o cunhado Waldemiro Pereira, o Renato de Souza (fundador e diretor de um centro em homenagem ao Barão de Cotegipe, na Travessa Chaves — bairro da Califórnia), o casal José e Maria Luíza, o João Sabino de Mello, o Deocleciano Ramos de Lima e outros. Antônio Paiva Mello, inicialmente Sargento do Exército e, mais tarde, advogado, toma a liderança da Confraternização Espírita do Lar de Jesus, inclusive mandando ao ar nas quartas-feiras de manhã o programa *A Voz do Lar de Jesus*, sendo que Victorino Eloy dos Santos, poeta nascido em Vassouras (RJ), autor de dois livros de sonetos e de notas de recordações intitulados *Postais* e, mais adiante, *Novos Postais*, assim se expressou recordando Leopoldo:

"As montanhas ao longe são azuis e de aspecto sempre agradável à nossa vista; à proporção que delas nos aproximamos, percebemos a mudança da cor e do aspecto; desaparece o azul e surgem os altos e baixos... perdem a beleza emprestada pela distância. Dizem que os homens são como as montanhas; e serão mesmo? Convivi com o Prof. Leopoldo Machado durante 30 anos. À proporção que ia o tempo passando e que, portanto, dele mais me aproximava, mais digno se fazia de minha admiração. Tinha defeitos? Para mim, não. Qualidades que atestavam a grandeza de seu espírito? Muitas; dentre elas, a Lealdade e a Franqueza; Franqueza, às vezes, até prejudicial e inconveniente."

De Isidoro Duarte Santos, em "O Maior Espírita Brasileiro não pertence mais à Terra", publicado em *Estudos Psíquicos*, de Lisboa, setembro de 1957:

"Nunca vimos lutador assim, enérgico, aprumado, cavalheiroso, recendendo brasilidade, como figura de bronze talhada para os séculos. Nunca vimos. E, por isso, não podíamos nos habituar à idéia do seu trespasse. Homens destes aparecem de quando em quando, como exceção à regra. Ao pé, não se dá por eles. São iguais aos outros que se acotovelam na rua. Mas, de longe, avultam. Projetam a sombra a distância, como robles gigantescos. E o povo fala neles."

Cerimônia de Abertura do 1º Congresso de Mocidades Espíritas do Brasil que teve Leopoldo Machado como seu maior incentivador. De pé, discursando, Lins de Vasconcellos.

E, finalmente, Agnelo Morato, herdeiro da tarefa ingente e urgente em favor dos moços, tarefa que recebeu, bem o sabemos, do próprio Leopoldo:

"Leopoldo Machado não cabe numa simples crônica. Sua vida de abnegação, de amor inexcedível à criança e ao Evangelho só pode ser relatada como lição garantida, no dia que o fizermos numa obra de fôlego e gratidão. Esse homem, um dos mais completos espíritas do Brasil, só pode ter lugar numa biblioteca para consultas e aprendizado de cada hora."

Tudo vem anotado em "Etapa Luminosa, a de Leopoldo" publicado em *A Nova Era*, de Franca, São Paulo, em 15/09/57. Em 1991, Nova Iguaçu promoveu uma série de atividades para comemorar o seu Centenário de Nascimento, tendo havido sessões solenes nas casas do Governo Municipal, nas páginas do *Correio da Lavoura*, até na sede do Colégio, em cujo auditório proferiu palestra o seu colega de letras, Luiz Martins de Azeredo. Sua irmã, retida ao leito, não pôde a esses eventos assistir, sendo representada pelos filhos Ney, Paulinho, Nazaré e Léo. Em 1995, o Centro Espírita Léon Denis, onde de há muito milita o seu companheiro José Jorge (professor de francês do Colégio Piedade e do Colégio de Pedro II), por seu Departamento Gráfico, lançou na série *Homens & Feitos* (volume VI) o estudo de Clóvis Ramos intitulado *Leopoldo Machado: Idéias e Ideais*. Vale dizer que este poeta e trovador do Estado do Amazonas, cuja filha mais velha (Esmeralda Branca) foi aluna de Português (uma excelente aluna até) do Celso Martins em 1963, sempre foi um incansável historiador. Por exemplo: pela Editora Pongetti, ora inexistente, lançou *Antologia de Poetas Espíritas*, nela incluindo um poema modernista de José Herculano Pires. E no ano de 1972, por ocasião do V Congresso Brasileiro de Escritores e Jornalistas, na sede da Federação Espírita do Estado do Rio de Janeiro, lançou um *Catálogo dos Periódicos (Jornais e Revistas) Espíritas*, muitos já à época silenciosos por falta de verbas, desde o *Eco de Além-Túmulo até 1972*, numa publicação do Instituto Maria.

E mais agora, no começo do século XXI, eis que o historiador paulista Eduardo Carvalho Monteiro nos oferece *Leopoldo Machado em São Paulo*.

Os Livros de Leopoldo

Ao longo das páginas passadas citamos alguns. Tentemos dar uma seqüência cronológica dos livros de uma criança, para uns médicos seria um adulto retardado:

1) *Saudade* (Versos — Bahia, 1918);

2) *Os Meus Últimos Versos* (Bahia, 1919);

3) *Idéias* (versos — Bahia, 1920);

4) *Prosa de Calibam* (contos e crônicas — Bahia, 1927) e, como sabe o leitor, Calibam é um aluno que aparece num dos belos

contos de William Shakespeare, gênio do teatro inglês, que viveu entre 1564 e 1613, deixando-nos 37 obras como *Romeu e Julieta, O Rei Lear, Hamlet, Otelo, A Tempestade, Sonho de Uma Noite de Verão, O Mercador de Veneza*; mas voltemos aos livros de Leopoldo Machado Barbosa:

5) *Consciências* (contos espíritas — Rio de Janeiro, 1932);

6) *Para a Frente e para o Alto* (contos — Rio de Janeiro, 1931);

7) *Teatro Espiritualista* (Federação Espírita Brasileira — Rio de Janeiro);

8) *Julga, Leitor, por ti Mesmo* (polêmica com o reverendo Dr. Jacob Huddleston Slater, de Nova Iguaçu, 1937);

9) *Sensacional Polêmica* (ainda a polêmica anterior, 1938);

10) *Nada lhe é, no Momento, Maior* (Rio de Janeiro, 1940, empenhando-se na construção do Hospital Pedro de Alcântara);

11) *Pigmeus contra Gigantes* (polêmica contra os médicos psiquiatras Drs. Carlos Fernandes e Xavier de Oliveira, da Sociedade de Medicina e Cirurgia do Rio de Janeiro, pelas oficinas do *Reformador* — órgão oficial da FEB, 1940);

12) *Doutrina Inglória* (polêmica contra o controle da natalidade, também pelo *Reformador*, 1931);

13) *Brasil, berço da Humanidade* (tese);

14) *Guerra ao Farisaísmo* (polêmica em versos — Rio de Janeiro, 1941);

15) *Ide e Pregai* (viagens a bordo de navio, embora o risco do ataque por submarinos nazistas como vem de ser estudado com farta documentação na *Revista do Clube Naval*, ano 323, relativo a julho/agosto/setembro de 2002, em trabalho com ilustrações do Almirante Eddy S. Espellet (páginas 16 a 23), com base em matéria publicada anteriormente, em 1986, 3º trimestre, na *Revista Marítima Brasileira*);

16) *O Natal dos Cristãos Novos* (com texto em prosa e versos publicado primeiramente pelo *Reformador*, no Rio de Janeiro, e mais tarde em 2ª edição pelo confrade Jobel Sampaio Cardoso, da União Espírita dos Discípulos de Jesus, de Florianópolis (Santa Catarina);

17) *O Espiritismo é Obra de Educação* (tese apresentada ao I Congresso Brasileiro de Jornalistas e Escritores, reunindo-se estes

Capas de livros do Leopoldo

companheiros sob a liderança de Deolindo Amorim no Rio em 1939, estampada em livreto pela Empresa Editora O Clarim, de Matão/SP, em 1944);

18) *Teatro Espiritualista* (2ª série — *Reformador* — Rio de Janeiro, 1944);

19) *Das Responsabilidades Maiores dos Espíritas do Brasil* (tese apresentada em 1944 no I Congresso Espírita Mineiro, em Belo Horizonte);

20) *Um Inquérito Original* (reunindo a opinião de confrades espíritas sobre o uso da música em nosso meio, 1946), sendo que cabe citar aqui a existência do *Hino do Instituto de Cultura Espírita do Brasil* com letra do poeta Dr. Alberto de Souza Rocha e música do harpista e autor de uma ópera, o físico, engenheiro e professor Carlos de Brito Imbassahy, bem como o fato de a MOCIDADE ESPÍRITA DO IGUAÇU, a menina dos olhos de Leopoldo Machado, na qual militou Celso Martins desde 1960 até inícios de 1967 ao lado de Francisco Anastácio Dias, as Irmãs Maria Victória, Volga e Verônica Guimarães, Dilma Vargas, os irmãos Décio e Betínia, a poetisa Edla Simões Campos e suas filhas Iara e Gilda, os sobrinhos Léo, Nazaré e Paulinho de um lado e o Luciano de Almeida Pereira

Cairbar Schutel

de outra parte da família de Leopoldo e de dona Marília, as irmãs Valadares, José Marinho Tabosa, Luiz Marcus Barroni de Carvalho e sua prima Therezinha de Jesus, Carlos Rangel Pacheco, Volney de Paiva Baptista, dona Zezé Campos ou dona Castorina Fernandes Campos e suas filhas Silami e Sione, dentre outros, aos sábados das 18 às 19h30min com participação ativa pelo Natal dando brinquedos aos pobres assistidos pelo Centro Espírita Fé, Esperança e Caridade; e estes moços costumeiramente entoavam cânticos festivos;

21) *Iluminação* (versos — Rio de Janeiro, 1946);

22) *Observações e Sugestões* (crítica, incluindo o apólogo do diabinho coxo e o decálogo do Espiritismo de Vivos — pela Gráfica Moreira, de Cruzeiro, São Paulo, 1947);

23) *Para o Alto...* (contos editados pela Lake, de São Paulo, também em 1947);

24) *Cruzada de Espiritismo de Vivos* (prefaciado pelo Noraldino de Mello Castro, de Belo Horizonte (MG) com o selo da Casa Editora O Clarim, de Matão/SP, 1948);

25) *Cientismo e Espiritismo* (obra de natureza científica editada em Lisboa, Portugal, sob a chancela da revista *Estudos Psíquicos*, em 1948);

26) *Teatro da Mocidade* (Gráfica de Mundo Espírita — Rio de Janeiro, 1950);

27) *Graças sobre Graças* (prefácio de Carlos Imbassahy e páginas também mediúnicas sobre a esposa recentemente falecida, impresso em 1952, em São Paulo/SP, pela Empresa Gráfica da Revista dos Tribunais Ltda.);

28) *Uma Grande Vida* (lembrando Cairbar Schutel, num lançamento também em 1952 pela Casa Editora O Clarim, de Matão/SP);

29) *Caravana da Fraternidade* (relatando sua viagem pelo Norte e Nordeste do Brasil, concitando a família espírita para a Unificação, prefaciado este livro por Lins de Vasconcellos e editado em 1954 pela Revista dos Tribunais Ltda.); e finalmente

30) *Caxias, Eminente Iguassuano*, editado em 1956 pela Batista de Souza & Cia. do Rio de Janeiro, acerca do qual assim se manifestou Clóvis Ramos, um dos moços do Congresso histórico de 1948:

Discurso na Arcádia Iguaçuana de Letras, ao tomar posse da cadeira nº 1, que tem como patrono Luís Alves de Lima e Silva, o

Duque de Caxias. Peça lida pelo árcade Dr. Waldemiro Pereira, por encontrar-se já, Leopoldo Machado, bem doente, impossibilitado de qualquer esforço físico. Sobre esse livro, disse Waldemiro Pereira:

> "Nossa surpresa, nosso assombro, nossa admiração, está precisamente no valor e na extensão do seu trabalho. Jamais poderíamos imaginar que o homem que descansa de um trabalho, fazendo outro, pudesse, em seu estado de saúde atual, produzir tão brilhante peça. O trabalho de pesquisa, o esforço de memória e a transcrição não mais poderiam, a nosso ver, ser por ele realizados. Mas o foi. E o foi de modo exuberante e fantástico."

Tudo coube num livro, a admiração de pai pelo Duque, as primeiras glórias do grande militar, as lutas da Independência, em Cisplatina, onde Luís Alves de Lima e Silva lutou, uma história de amor (mostrou o poeta que foi o Duque de Caxias, moço), a Abdicação, as Regências, o caso Miguel de Frias, a Revolta do Barão de Bulow e se estendeu, dando aulas de História pátria, sobre a Balaiada, a Rebelião do Norte, ou melhor, no Maranhão. Um compêndio de civismo ao Brasil.

Algumas páginas atrás lembrei de Dona Ruth Sant'anna. Sendo extremamente magra, como o prof. Jorge José e o Celso Martins, ela dizia:

" — Espírita magro não desencarna: ele simplesmente DESOSSA!"

Um pouco sobre Sebastião Lasneau

Sebastião Lasneau

Não seria completo este relato se não déssemos ligeiro espaço ao poeta de Barra de Piraí (RJ), o ferroviário Sebastião Lasneau. Não nasceu cego, não, como sucedeu ao Luís Antônio Milecco Filho, em segundas núpcias casado em fins de 2002 com a jovem Maria de Fátima Rossi, do Grupo Espírita Redenção, do bairro do Andaraí (Rio de Janeiro) e como também sucedeu à nordestina Benedita de Melo, que, no Instituto Benjamin Constant, estudou vindo a fazer-se professora de Português e destacada esperantista.

Lasneau era repentista, sempre jovial, embora cego. Certa ocasião, quando se colocam os confrades para tirar uma fotografia, eis que Leopoldo grita, para alegrar a "galera":

— Diz uma besteira aí, Lasneau.

E a resposta vem de imediato:

— Viva o Professor Leopoldo!

Doutra vez estava Lasneau na inauguração de um centro espírita que iria funcionar em cima de um açougue. O "gozador" fez logo blague, dizendo:

— É... Já vi que aqui de dia vocês cuidam da carne lá embaixo e de noite cuidam do Espírito cá em cima!

E por falar em carne, Prof. Newton dizia (não sei se era referência a ele mesmo, pois era poeta modernista) que certo confrade perturbava o tempo inteiro o Lasneau numa viagem de ônibus em

caravana espírita pelo solo do Vale do Paraíba do Sul, lendo-lhe versos e mais versos. O Lasneau calado. Lá pelas tantas, eis que são levados a conhecer uma vaca numa fazenda. O fazendeiro apresenta aos caravaneiros uma vaca de nome Poesia. Ah! Pra quê?! O Lasneau cortou o seu prolongado silêncio com esta sentença mordaz:
— Até que enfim eu vejo uma Poesia que DÊ LEITE!

Aliás, o Amadeu Santos, um erudito advogado, jornalista, professor de Geografia, História, Filosofia, orador seguro, autor de livros publicados pela FEB, de parceria escreveu um livro de poemas intitulado *Versos da Mocidade...* Com mordacidade então Leopoldo saiu dizendo que o Amadeu escrevia os versos que o Lasneau lhe dizia!

Bem, contava Deolindo Amorim que certa feita o Imbassahy foi convidado para proferir uma palestra. Não lhe deram tema. Tema livre. E ele, no bonde, não sabia sobre o que falar. Em certo trecho embarcam naquela quente tarde de verão carioca dois homens, vindo de um restaurante. Tomando assento no banco da frente, um diz para o outro:

Amadeu Santos

— Puxa vida! Nós comemos e bebemos como um gorduchento abade!

Ao que replicava o seu colega:
— Isso mesmo! Encher a pança é que é felicidade!

Pronto! Imbassahy teve o tema para a palestra. Falaria sobre o assunto FELICIDADE.

Sinceramente eu me dou por feliz por ter esta oportunidade, em meio às notícias de Guerra no Iraque, de guerrilhas na Colômbia, de golpe na Venezuela, de ataques constantes de Israel aos palestinos, de rivalidade no Paquistão contra a Índia, embora saiba que muita gente denodadamente em silenciosa atividade lute pelo Bem; pela paz entre as nações, para a construção de um mundo melhor e para o advento do Reino de Deus no decorrer que ora se inicia, conversando com você. E para terminar vejamos como encerrarei este material possivelmente de algum valor histórico para quem venha um dia escrever uma Enciclopédia do Movimento Espírita no Brasil.

Palavras Finais

Carlos Bernardo Loureiro

Vamos encerrar dando a palavra ao historiador Carlos Bernardo Loureiro, que, de Salvador, Estado da Bahia, faz aparecer no *Correio Fraterno do ABC*, de São Bernardo do Campo (São Paulo), em seu número relativo ao mês de novembro de 2002, uma carta escrita por Allan Kardec a um espírita baiano. Vejamos este documento na íntegra:

No início deste século, o Centro Espírita Religião e Ciência, de Salvador, edita a *Revista Espírita*, com redação na Rua Conselheiro Dantas nº 31 — Loja, Cidade Baixa. O referido Centro daria origem, mais tarde, à União Espírita Baiana que, por sua vez, seria transformada na Federação Espírita do Estado da Bahia.

Temos, em mãos, o nº 4 da *Revista*, correspondente ao período de janeiro a abril de 1909, no qual se insere a sucinta biografia do Professor Zacharias Nunes da Silva Freire, destacado divulgador do Espiritismo na Bahia, nascido em 5 de novembro de 1833 e desencarnado em 30 de maio de 1908. O professor Zacharias, abolicionista convicto e intransigente, dedicava-se com acentuado fervor à causa da emancipação dos escravos. Excelente poeta, é de sua autoria o poemeto em que exalta a abolição da escravatura no Brasil, do qual extraímos alguns de seus versos:

"Exultai povos do mundo!
Raiou a sublime luz!
Já ninguém é mais escravo
Na terra de Santa Cruz!"

E, mais adiante, dirigindo-se aos manumissos (aqueles que libertavam os escravos):

"*Não julgueis que a condição*
De escravos amesquinhou
O vosso ser.
A vera glória

Não é de que só mando.
A vera glória é no Céu;
A vera justiça é Deus.
Ali não há distinções
Para os humanos troféus".

Presidiu o Centro Religião e Ciência por breve período, devido ao seu precário estado de saúde. Em 1867, dois anos antes de vir a lume o *Eco de Além-Túmulo*, do inesquecível Luiz Olímpio Teles de Menezes, escreveu uma carta a Allan Kardec sobre a manifestação, na Bahia, sobre o Espírito de Verdade.

Transcrevemos, a seguir, a resposta do Codificador do Espiritismo ao Professor Zacharias, elucidando-o quanto à questão da identidade dos Espíritos, nestes termos:

Paris, 9 de agosto de 1867.
Senhor,
Recebi a carta que me fizeste o favor de escrever, e praz-me contar-vos no número de adeptos sinceros da Doutrina Espírita. Pois que lestes minhas obras, deveis ter achado no *O Livro dos Médiuns* todas as instruções relativas à questão da identidade dos Espíritos. Não as repetirei aqui, o que seria muito longo, e no caso de não conhecerdes da obra, convido-vos a consultá-la.

Concernente a vossa pergunta especial a respeito da comunicação do Espírito de Verdade na Bahia, direi que esse Espírito que preside o grande movimento regenerador da Humanidade pode, mais do que qualquer outro, comunicar-se por toda a parte, mas convém desconfiar dos Espíritos inferiores que tomam seu nome para fazer mais facilmente com que sejam aceitas suas idéias pessoais. Ele se comunica raras vezes de um modo direto, porque dá suas instruções aos Espíritos encarregados de as transmitir, como um general-em-chefe transmite suas ordens por seus subordinados.

Quando ele próprio se comunica é só nos casos excepcionais e somente nos centros os mais sérios e os mais esclarecidos, onde ele vê que sua presença pode ser necessária e aproveitável; mas pode-se estar convencido de que ele não vem nunca aos centros frívolos, onde se trata de assuntos inúteis, onde se busca no Espiritismo uma distração e não um meio de se melhorar e de fazer progredir a Humanidade, onde não se aproveitam as instruções morais dos Espíritos.

Em lugar do próprio Espírito de Verdade, pode-se ter seus representantes, que exprimem seus pensamentos.

Só há um meio de os reconhecer: é pela sabedoria de seus conselhos, pela elevação de seus pensamentos, pela concisão precisa de linguagem. Em uma palavra, reconhecem-se os Espíritos superiores como se reconhecem os homens superiores. Os Espíritos superiores não se ocupam nem de frivolidades nem de trivialidades.

A questão não está em saber se o Espírito de Verdade se comunica em pessoa ou se toma outro nome, o que seria indigno de sua elevação, mas, se o que obtém é inteiramente digno dele ou de seus representantes. Como não há um meio material de verificar-se a identidade dessas espécies de Espíritos, é forçoso submeter às palavras de todos aqueles que se dão por tais, ao cadinho da lógica e do bom senso.

Seria pueril fazer uma questão capital da personalidade; é o pensamento que convém apreciar, porque o pensamento é tudo. É ele bom ou mal, digno ou indigno de um Espírito superior, esta é a questão principal.

Eis aí, senhor, tudo o que posso vos dizer a tal respeito; e o modo como procedemos aqui e como se procedem em todos os centros sérios da Doutrina.

Não somente vos autorizo a fazer da minha carta o uso de julgardes a propósito, como veria eu, com prazer, que ela fosse levada ao conhecimento de todos aqueles que se ocupam do Espiritismo em vossa localidade.

Recebei, peço-vos, senhor, minhas saudações mais solícitas.

ALLAN KARDEC
A. DESLIENS
Secretário

Não consta, no corpo da matéria, o nome do tradutor da carta de Allan Kardec.

Eis, pois, uma página que subsidia os ensinos constantes na Codificação do Espiritismo, relativamente à identidade dos Espíritos. Ela é tão atual como a própria mensagem codificada, porque os Espíritos enganadores continuam o seu trabalho, mesmo dentro dos centros espíritas, de confundir até mesmo os mais sinceros e estudiosos da Terceira Revelação.

MADRAS® CADASTRO/MALA DIRETA
Editora

Envie este cadastro preenchido e passará a receber informações dos nossos lançamentos, nas áreas que determinar.

Nome _____
RG _____ CPF _____
Endereço Residencial _____
Bairro _____ Cidade _____ Estado ___
CEP _____ Fone _____
E-mail _____
Sexo ❏ Fem. ❏ Masc.   Nascimento _____
Profissão _____ Escolaridade (Nível/Curso) _____

Você compra livros:
❏ livrarias   ❏ feiras   ❏ telefone   ❏ Sedex livro (reembolso postal mais rápido)
❏ outros: _____

Quais os tipos de literatura que você lê:
❏ Jurídicos   ❏ Pedagogia   ❏ Business   ❏ Romances/espíritas
❏ Esoterismo ❏ Psicologia ❏ Saúde   ❏ Espíritas/doutrinas
❏ Bruxaria   ❏ Auto-ajuda ❏ Maçonaria ❏ Outros:

Qual a sua opinião a respeito dessa obra? _____
_____

Indique amigos que gostariam de receber MALA DIRETA:
Nome _____
Endereço Residencial _____
Bairro _____ Cidade _____ CEP _____

Nome do livro adquirido: ***Três Espíritas Baianos***

Para receber catálogos, lista de preços e outras informações, escreva para:

MADRAS EDITORA LTDA.
Rua Paulo Gonçalves, 88 — Santana — 02403-020 — São Paulo/SP
Caixa Postal 12299 — CEP: 02013-970 — SP
Tel.: (11) 6959-1127 — Fax: (11) 6959-3090
www.madras.com.br

Este livro foi composto em Times New Roman, corpo 11/12.
Papel Offset 75g – Bahia Sul
Impressão e Acabamento
Gráfica Palas Athena – Rua Serra de Piracaina, 240 – Cambuci – São Paulo/SP
CEP 01522-020 – Tel.: (11) 3209.6288 – e-mail: editora@palasathena.org